그리움을 안고 살아간다는 것

먼저 떠난
아내를 향한
애도 일기

노문성 지음

그리움을 안고 살아간다는 것

아내에게,

노문성의 아내, 현웅·현영의 엄마
박선영은…

   1960년도에 나처럼 부산 초량에서 태어났다. 음악대학에서 피아노를 전공하고 학원에서 애들을 가르쳤다. 주변이 온통 연둣빛으로 물드는 계절을 가장 좋아한다. 피아노 가르치는 것과 음악 감상도 좋아했는데 내가 보기에는 전공보다 패션 쪽으로 감각이 더 뛰어났다. 결혼 후에는 줄곧 전업주부로 지냈다. 아이들을 언제나 깔끔하게 입혔고 자라는 환경도 늘 단정히 정돈했다. 내 행동이 마음에 안 들면 화내기보다 에둘러 이야기해 자존심은 세워주면서 태도만 고치게끔 했다. 생각할수록 고맙다. 부지런하고 지혜롭게 가정을 잘 가꾸었던 아름답고 강인한 여자. 죽음 앞에서도 흐트러짐 없이 단단한 마음을 보여줬던 아내. 이제는 남은 우리 가족의 마음 안에서 함께 살아가고 있다.

엄마의 따뜻한 손

아들 노현웅

엄마는 팔방미인이었다. 미모, 성격, 음악, 음식, 교육, 믿음, 효孝 그리고 청소까지 내가 아는 우리 엄마는 못 하는 게 없었다. 딱 한 가지 술을 하지 못했다. 하지만 술을 못 하는 건 내 기준에서 오히려 미인으로 여겨진다.

엄마는 손이 참 예뻤다. 손가락이 길쭉길쭉하고 손등은 투명한 살굿빛이었다. 엄마 손을 처음 잡은 기억을 떠올려 보면 내가 유치원생일 때다. 아버지, 엄마와 나들이 할 때면 두 분은 내 양손을 한 팔씩 잡아 자주 들어주셨다. '엄마 손이 참 따뜻하구나' 하고 깨달은 건 초등학생 때다. 한겨울 스케이트 수업을 들으러 잠실 롯데월드 아이스링크장에 갈 때 엄마와 자주 동행하곤 했는데 잠원동인 집에서 잠실까지 버스로 이동하는 동안 항상 손을 꼭 잡아주셨다. 아직도 기억이 생생할 정도로 엄마 손이 참 따뜻했다. 햇살이 버스 안을 비추면 그렇게 손을 잡은 엄마와 내 모습이 동화책 한 장면처럼 느껴졌다.

그 예쁜 손으로 엄마는 다양한 일을 했다. 새벽에는 새벽 예배에 나가 두 손 모아 가족과 주변 사람들을 위해 기도했고 할머니께 자주 안부 전화를 넣었다. 매일 같이 아침, 낮, 저녁으로 맛있는 밥을 지었고 오후에는 피아노 건반을 두드리며 찬송가를 연주했다. 그리고 저녁을 짓기 전에는 하루도 빠짐없이 집 전체를 꼼꼼히 청소했다. 청소하려고 고무장갑을 끼던 엄마의 손은 엄청 야무져 보였다. 나와 동생이 청소년 시기를 지날 때는 그 야무진 손이 사랑의 매가 되기도 했다. 꽤 매웠지만 그 사랑의 매가 싫었던 적은 단 한 번도 없다.

드라마에서도 실제로도 엄마처럼 바쁜 가정주부는 보지 못했다. 힘들다면서도 늘 바삐 움직이셨다. 그 부지런함 덕분에 아버지와 동생 현영이, 나까지 모두가 편하고 행복하게 지낼 수 있었던 것 같다.

마지막으로 엄마 손을 잡은 건 우리 집 안방에서였다.

우리 가족이 전부 안방에 함께 있었다. 엄마가 하나님을 만나러 가는 병원에 입원하기 전 마지막 밤이었다. 엄마는 왼손으로는 현영이 손을, 오른손으로는 내 손을 잡았다. 아이스링크장에 가는 버스 안에서 꼭 붙들었던 그 따뜻한 손이었다. 엄마의 마지막 손은 너무 따뜻했고 지금도 그 느낌이 잊히지 않는다. 슬픔보다 소중히 간직하고 싶은 행복한 순간으로 마음에 담았다.

아직도 우리 집에는 엄마 손이 닿은 물건이 많이 남아 있다. 엄마가 그리울 때 그 물건들을 한 번씩 만져본다. 그렇게 하면 좀 슬프긴 해도 엄마 손을 잡은 듯 마음이 따뜻해진다. 우리 엄마 손은 우리 아버지, 현영이네 가족 그리고 나와 내 미래를 함께할 가족에게 항상 자리할 뜻깊은 유산이다. 엄마가 남겨준 '따뜻한 손 유산'을 가슴에 품고 오늘도 우리 엄마를 떠올리며 행복한 하루를 보낸다.

기도로, 예배로 내 곁에 남은 엄마

딸 노현영

　엄마는 내 베프였다. 많은 모녀가 그렇듯 엄마와 나는 가장 대화를 많이 나누는 사이였다. 아버지가 '광신도'라는 별명을 붙여줄 정도로 나는 엄마 찰거머리였다. 그런 걸 생각하면 다른 모녀에 비해 훨씬 더 가까운 사이였을지도 모르겠다. 이런 내가 어떻게 기숙사 고등학교를 나오고 먼 미국으로 대학원 유학까지 떠났는지 알다가도 모를 일이다.

　엄마랑 멀리 떨어져 지내면서도 우리는 매일 한 시간 이상 영상으로 통화했다. 주말이나 방학처럼 엄마와 같이 있을 수 있는 순간이 오면 또 찰거머리가 되어 엄마 몸의 일부처럼 함께했다. 보통은 아이일 때 엄마가 세상의 전부라는데 나는 첫아이를 품은 서른이 될 때까지 엄마가 세상의 전부였다. 엄마가 가는 곳이라면 어디든 따라다녔고 엄마 또한 내가 있는 곳이라면 기꺼이 동행해 줬다. 시장, 은행, 백화점, 친척 집, 미용실, 가벼운 산책

심지어 집 앞 쓰레기 분리수거장까지… 나는 늘 엄마를 졸졸 따라다녔다.

 이렇게나 엄마가 좋아서 엄마 찰거머리로 지내다 보니 오빠보다 엄마에게 혼나는 일도 잦았다. 그럴 때면 나는 철딱서니 없게 "엄마는 오빠를 더 좋아해"라며 섭섭해했다. 엄마는 항상 내게 "네가 엄마가 되어 봐. 그러면 엄마 마음 이해하게 될 거야"라고 말씀하셨다. 두 아이의 엄마가 된 지금, 이제는 정말 엄마 마음을 많이 이해하게 되었다. 자주 혼났던 게 서운하기는커녕 감사한 마음만 든다. 어린아이 둘을 돌보다 보면 몸과 마음이 지치기 십상인데 그때 엄마가 지혜롭게 나를 혼내준 덕분에 미로 속에서도 길을 잃지 않고 나아가고 있다. 엄마의 가르침은 내가 아이들을 훈육하는 데도 좋은 기준점이 된다.

 엄마 찰거머리로 지내며 얻은 가장 큰 선물은 신앙이다. 엄마는 참 신앙심이 깊었다. 매주 주일 예배를 빠지지 않고 나가셔서 찰거머리인 나도 덩달아 늘 교회에 갔다. 주일 예배, 수요 찬양 예배, 금요 저녁 예배 등등 어릴 때는 그저 따라다니기만 했지만 대학교를 졸업한 후 나도 진정으로 주님을 만났다. 미국으로 유학 와서도 주일이 되면 온라인 예배를 드리거나 근처 교회를 찾는 게 당연한 루틴이 되었다. 지금의 남편도 그리스도인이다. 우리는 지금 교회(성당)에 다니며 함께 신앙심을 기르고 있다.

 엄마가 아프다는 소식을 미국에서 들었을 때 멀리 있는 내가 할 수 있는 유일한 일은 기도였다. 엄마 찰거머리인 내가 단 한 번도 따라가지 못한 새벽 예배가 생각났다. 엄마는 아버지가 아프셨을 때 매일 깜깜한 새벽마다 조용히 교회에 나가 기도를 드렸다. 그때는 아침잠이 많아서 엄마를 따라가지 못했는데 엄마가 아프다고 하니 매일 새벽에 눈이 떠졌다. 당시 엄마는 병원에 입원 중이어서 그 시간에 통화하기는 어려웠지만 혼자 말씀을 읽고 기도를 드리다 보면 한국에 있는 엄마와 한 공간에서 주님께 기도드리는 기분이 들었다.

 엄마가 돌아가시기 한 달 전 한국에 들어왔을 때는 거의 매 순간 기도하며 지냈다. 비록 내가 원하는 방향으로 주님이 기도에 응답해 주시지는 않았지만 엄마가 아프신 8~9개월 시간 동안 몸은 몰라도 영혼은 찰거머리처럼 엄마와 함께한 느낌이다. 셀 수 없는 기도 시간으로 이렇게나마 엄마와 하나 될 수 있게 해주신 것에 감사할 따름이다.

 엄마가 하나님 곁으로 가신 뒤로도 나는 기도할 때마다, 주일날 교회에 갈 때마다 찰거머리 시절처럼 엄마와 함께한다. 그리고 엄마의 찰거머리는 엄마가 간절히 기도하는 그 모습을 떠올리며 나 또한 사랑하는 가족과 이웃을 위해 기도하며 살아간다.

가족과 사랑에 대해 배우다

사위 이웅희

아내 현영이와 결혼하기 전, 이태원에서 처음 장모님을 만났다. 그날은 처음으로 장인어른, 장모님께 인사하는 날이어서 많이 긴장했던 기억이 난다. 식사 중 말씀이 거의 없으셔서 혹시나 내가 마음에 들지 않으면 어쩌나 걱정이 많았다. 그러고 얼마 뒤 나는 현영이네 집으로 식사 초대를 받았다. 장모님이 환한 웃음으로 나를 맞이해 주실 때 내 걱정이 기우였음을 알았다. 내게는 그 환한 웃음이 여전히 소중한 기억으로 남아 있다.

장모님이 편찮으시기 전에 미국 미시간 앤아버에서 우리 세 가족(현영이와 아들 재웅이 그리고 나)은 장모님과 한 달여의 시간을 같이 보냈다. 돌이켜 보면 그 시간이 얼마나 감사한지 모른다. 매일 맛있는 식사도 준비해 주시고 (카레 함박스테이크가 특히나 맛있었다) 저녁마다 온 식구가 같이 산책도 했다. 티브이로 테니스 중계를 시청하고 장도 보고… 이런 소소한 행복이 매년 반복될 거라 믿었다.

그런데 우리가 예상하지 못했을 때 장모님은 하나님의 부르심을 받았다. 장모님이 위독하시다는 소식을 듣고 한국에 갔을 때는 앞으로 장모님을 영영 못 뵐 수도 있다는 사실이 믿기지 않았다. 무엇보다 재웅이가 커가는 모습을 보여드리지 못한다는 생각에 매일 현영이와 눈물을 흘렸다. 성당에 가서 기적을 바라는 기도도 드렸다. 비록 주님이 그 바람을 들어주시지는 않았지만 장모님은 이번 일로도 내게 큰 깨달음과 가르침을 주셨다. 장인어른, 현웅이 형님을 내 아버지, 친형처럼 여기고 가까워지도록 해주셨고 인생에서 소중한 건 결국 가족과 사랑이라는 걸 알려주셨다. 그리고 내 신앙심이 한층 더 깊어지도록 해주셨다.

 요즘도 종종 장모님이 꿈에 놀러 오신다. 내가 간직하고 있는, 그 환한 모습 그대로 안부를 물으시고 하늘나라에서 잘 지내고 있다고, 걱정하지 말라고 하신다. 이 땅의 시간은 잠깐이고 결국 하늘나라에서 장모님을 다시 만날 걸 알기에 하루하루 최선을 다하고 있다. 그 모습을 장모님도 지켜보실 거라 믿으며 이곳에서 충분히 사랑하고 감사하며 지내려 한다.

프롤로그

아내를 떠나보내고 쓰다

아내는 사랑하던 모든 것으로부터 조금씩, 조금씩 떠나갔다. 그리고 그만큼 차근차근 살그머니 하나님 곁으로 다가갔다. 어딘지 약해 보이지만 속은 다부졌던 아내의 의지는 어디에서 생겨났을까? 3주 동안 하얀 병실에서 따뜻한 국물 몇 숟가락과 음료수, 딸아이가 보내준 주스와 딸기만으로 온화한 표정을 유지하다가 내 곁을, 아니 우리 모두 곁을 떠나 하나님께로 갔다. 모든 일이 척추로 전이된 유방암 4기를 진단받고 단 7개월 동안 일어난 일이다.

삶의 온기가 가시기 전 아내 얼굴은 지친 기색이 역력했고 핏기가 없어서 맑기만 했다. 그런데도 희미한 미소만은 잃지 않았다. 그 모습을 바라보며 나는 '내 무력감과 무능함이 아내를 홀로 내버려뒀던 건 아닐까'를 생각하느라 괴로웠다.

아내가 떠난 그해 가을, 혼자 생각 없이 아내랑 자주 가던 산책 코스를 밟는 날이 많았다. 우리 집이 있던 청운동에서 세종문화회관, 덕수궁을 거쳐 소공동과 명동을 자주 걸었다. 그때 어딘가에서 〈옛사랑〉 가사가 들려왔다. 아내와 함께 덕수궁 돌담길을 처음 걷던 날이 떠올랐다. 갑자기 눈물이 터져 나왔고 격렬한 흐느낌이 나를 작은 의자로 이끌었다. 아내가 옆에서 다독이듯 바람이 스쳤다. 그런데도 눈물은 멈출 줄을 몰랐다.

고개를 떨군 채 신발만 내려다보며 마음이 진정되기를 기다렸다. 순간 아주 낯익은 아내의 가죽 운동화가 내 발 앞에 마주 섰다. 그리고 나를 조용히 일으켰다. 익숙한 걸음걸이로 아내와 팔짱을 낀 채 걷던 돌담길을 따라 광화문을 거쳐 삼청공원으로 갔다. 아무 말도 할 수 없었고 아내를 바라볼 엄두도 내지 못했다. 아주 오래전 아내에게 청혼했던 그 자리에 이르렀다. 고개를 드니 아내가 웃고 있었다. 환하고 밝은 웃음이 아닌 조용하고도 아늑한 미소였다. 그렇게 살며시 웃다가 아내는 사라졌다. 이내 나도 정신을 차렸다.

내가 청혼했던 그 자리에서 시작된 서로의 호감. 우리는 그렇게 짧은 시간 내에 결혼했고 살면서 조금씩 서로에게 빠져들면서 중독되었다. 깊은 정으로 서로를 보듬은 채 나아가던 꿈 같던 시간이 금세 흘러갔다. 때로는 격렬했고 때로는 감미로웠으며 보통은 평온하기 그지없는 나날이었다.

아내의 환한 미소가 끝없이 이어질 줄로만 알았다. 희미한 미소와 함께 떠나갈 줄은 생각해 본 적이 없었다. 홀로 남은 자리에서 아내와의 시간을 가만히 떠올려 본다. 조각, 조각이라도 이렇게 글로 남겨 기록해 두면 지독한 그리움도 조금은 진정이 될 것 같아서.

목차

노문성의 아내, 현웅·현영의 엄마 박선영은… … 007

프롤로그 아내를 떠나보내고 쓰다 … 018

1부 꿈과 노력, 서글픔이 뒤섞인 시간

힘없이 무너진 날 … 029

여행 약속 … 031

우리들의 하얀 방 … 034

아내의 머리를 감겨주며 … 036

좋은 소식을 가져다주는 천사 … 038

침대맡 가족여행 이야기 … 042

아내와 엄마라는 큰 나무 … 045

병원에서 우리 둘만의 놀이 … 047

퇴원, 새로운 날들의 시작 … 050

서두르지 않고, 그러나 쉼 없이 … 054

2부 하나님께로 가는 짧은 여정

통증이 주는 고통 ··· 059

암세포 전이 ··· 063

담담하고도 단호한 결심 ··· 067

마지막 여행, 그 첫 발자국 ··· 073

맑은 슬픔 ··· 077

연둣빛 이별 ··· 083

3부 그리움을 안고 살아간다는 것

서글픈 빈자리 … 091

내 인생의 등대 … 095

'황혼'이라는 신기루 … 098

슬픔이 밀려 들어오다 … 104

햇빛을 닮은 사람 … 109

아내의 물건들 … 112

잊을 수 없는 장면들 … 115

꿈을 계획하던 날들 … 119

4부 시간은 흐른다

기나긴 희생과 책임 … 125

사랑의 시효 … 130

추억의 크루즈 여행 … 133

아내가 떠나고 내 첫 생일 … 138

이야기를 모으다 … 142

새벽에는 운동을 한다 … 144

지독하게 슬픈 아침 … 148

천국과 지옥 … 150

쓸쓸한 가을빛 … 152

아내 없는 두 번째 추석 … 155

내겐 자신 없는 일 … 161

그리움이 너무 클 때 … 163

명동과 크리스마스이브 … 166

나 홀로 두 번째 봄 … 169

별이 빛나는 밤 … 172

밥의 무게 … 175

함께라면 어디든 좋다던 아내 … 179

홀로서기 … 183

1부

꿈과 노력, 서글픔이 뒤섞인 시간

힘없이 무너진 날

어느 날 저녁, 아내가 쓰레기를 버리러 가려는데 다리에 힘이 없다고 환하게 웃으며 같이 가자고 말했다. 그때만 해도 나는 별로 대수롭지 않게 생각했다. 유방암 수술 이후 암세포가 척추로 전이되어 신경을 눌렀다는데 그런 일은 내 상상력으로는 도무지 닿기 어려운 현실이었다.

그다음 날, 아내는 "나 좀 이상해"라고 말하는 순간 장롱에 기댄 채 스스륵 쓰러지며 그대로 주저앉았다. 119의 도움으로 급히 친구가 있는 병원 응급실을 거쳐 과거 아내가 생명을 건지는 데 도움을 받은 큰 병원 응급실로 향했다. 여러 검사를 마치고 아내와 내가 고통을 견뎌야 할 병실을 배정받았다. 1인실이 너무 비싸다고 생각한 아내는 다른 병실로 옮기자 했지만 내 생각은 달랐다. 우리 둘이 조용히 지내자 우겼고 아내도 속으로는 좋았던 것 같다. 지나간 추억을 회상하며 나지막이 웃을 수도, 우리 마음대로 이야기를 나눌 수도 있으니 말이다.

응급실에서 시작된 그날 그 여정은 201일 동안 이어졌다. 꿈과 노력, 서글픔이 뒤섞인 시간이었다. 마냥 슬퍼할 겨를이 없었다. 운명이 매몰차게 모는 대로 이리저리 떠밀려 알 수 없는 저 먼 곳으로 흘러갔다. 바로 옆에 함께 있다는 사실 말고는 손쓸 수 있는 게 아무것도 없는, 그야말로 허공에 뜬 상태였다. 그래도 견뎌야만 했다. 과거 행복했던 그 추억에 기댄 채.

여행 약속

수술을 잘 견디고 재활 치료를 마치면 딸아이가 있는 미국으로 여행을 떠나자고 아내와 약속했다. 아내를 안고 이동한 첫날인 동시에 아내가 내게 전적으로 기대 의지하기 시작한 날이었다. 어떻게 이 지경이 되도록 까맣게 몰랐을까. 여전히 환하고 맑기만 한 아내에게 이런 일이 생겼다는 게 믿어지지 않지만, 아내를 안아 휠체어에 앉힐 때마다 현실을 직시하게 되었다.

수술 날짜가 잡혔다. 아내가 되도록 편한 마음으로 수술받을 수 있도록 내가 수술받은 이야기도 해주고 치료 이후 장밋빛 계획을 짜는 데 집중하며 시간을 보냈다. 그런데 아내가 막상 수술실에 들어가니 내가 할 수 있는 일은 없었다. 오로지 희망에 매달려 기도할 뿐 계속 입원실과 수술실을 오가며 시간이 빨리 흐르기만을 바라면서.

아무도 없는 수술실 문밖에서 서성거리는 퀭한 나를 본 주치의. 내가 안쓰러웠을까? 조용히 나를 불러 회복실

높은 침대에 누운 아내를 만나게 해주었다. 그때까지만 해도 공포에 질려 있던 아내의 커다란 눈망울이 나를 본 순간 안도하는 듯했다. 억지로 미소 짓던 아내의 눈빛. 그러고 보면 아내 눈매는 언제나 나와 아이들을 향해 있었고 자기보다 우리를 먼저 생각했다. 크고 맑아서 아름다운 아내 눈망울이 저토록 빛을 잃은 모습을 보는 건 처음이다. 그 힘없는 눈빛이 좀처럼 잊히지 않는다.

'아무 걱정 하지 마. 내가 수술실 문 바로 앞에 있으니까.'

모나리자의 미소에는 행복이 83퍼센트, 두려움이 6퍼센트, 혐오감이 9퍼센트 뒤섞여 있다고 했던가. 내 머릿속은 온통 아내의 미소를 다시 찾아줘야 한다는 생각뿐이었다. 100퍼센트 맑고 행복한 그 미소를 아내는 되찾아야만 한다. 수술을 마치고 병실로 돌아온 아내는 여전히 나에게 매달린 가련한 모습이었다.

우리는 곧 재활을 현실로 옮기기 시작했다. 아내가 다시 일어설 수만 있다면… 한 걸음, 세 걸음, 다섯 걸음…

열 걸음. 아니다. 그저 일어서기만 해도 괜찮다. 내가 안고 다니면 되니까. 하지만 이렇게 힘든 척추 수술을 두 번이나 받고도 상황은 크게 나아지지 않았다. 아내 눈은 겁에 잠긴 눈과 희망에 찬 눈 사이를 자주 오갔다. 그리고 마지막에는 결국 하나님께 모든 것을 맡긴 채 편안하면서도 한편으로는 나를 가여워하는 듯한 자애로운 눈으로 변해 갔다.

우리들의 하얀 방

입원실은 삭막하면서도 한편으로는 안전한 둘만의 도피처였다. 나는 아내가 몸의 고통을 잠시나마 잊고 즐거워할 수 있도록 과거 추억을 찾아 함께 나누려 애썼다. 입원실에 있는 동안 아내가 펜으로 침대 난간을 치면 나는 자다가도 벌떡 일어났다.

"당신 너무 고생한다."

그런데 나는 그 고생이 너무 감사했다. 내가 살면서 아내에게 잘못했던 것들을 조금이나마 갚는 느낌이 드니까. 이를테면 아내는 결혼할 당시 손이 부드럽고 예쁜 사람이었다. 그런데 병실에서 머리칼을 쓸어 올리는 아내 손을 보니 긴 세월 동안 투박하게 변해 있었다. 그 모습에 놀랐고 미안함이 밀려왔다.

아픈 사람에게는 아픈 사람만의 몫이 있다. 그 책임은 가혹하게도 오롯이 자신이 짊어져야 한다. 하지만 낳아주신 부모님과 부부는 그 책임을 나눠서 질 수 있는 유일한 사이다. 정신적, 육체적 고통을 나눈다는 건 가슴 아픈 일이지만 그렇게라도 배우자의 고통에 참여할 수 있다면 운 좋은 일이다.

아내의 머리를 감겨주며

  수술 후 조금 안정이 되자 아내는 머리를 감고 싶다고 했다. 침대에 누운 채 머리를 조금 바깥으로 빼고 비닐을 여기저기 깔아 시트가 젖지 않도록 했다. 그런 다음 따뜻한 물을 받아와 아내 머리를 감겼다.

  아내에게 눈을 감고 영화 〈아웃 오브 아프리카〉에서 남자 주인공 데니스(로버트 레드포드 분)가 카렌(메릴 스트립 분)의 머리를 감겨주는 장면을 상상해 보라고 했다. 그리고 영화에 삽입된 모차르트 클라리넷 협주곡을 스마트폰으로 찾아 틀었다. 그 장면이 떠오르길 바라는 마음으로.

  어설픈 머리 감기가 끝났을 무렵 아내는 내가 최고라고 했다. 이렇게 한심한 남편을… 비닐을 정리하고 물통 대신 사용한 쓰레기통을 치웠다. 아내를 침대에 바로 눕히기 전 우리는 잠시 안고 방안을 춤추듯이 돌았다. 영화 속 한 장면처럼. 아내가 어지럽다고 해서 아프리카로의 여행은 금세 끝났다.

내가 아내를 안고 이리저리 움직일 때면 "난 운동기구가 아니야"라고 말했다. 하지만 그 순간에도 내 목에 매달려 가만히 있었다.

"우리 탱고를 배우자."
"그 몸에 탱고가 어울린다고 생각해요?"
"와… 내 몸이 어때서? 〈여인의 향기〉에 나오는 알 파치노보다 내가 더 낫지 않아? 그리고 꼬여도 보기 좋은 게 탱고 스텝이라고 하잖아."
"…"

목덜미에서 아내의 숨결이 느껴진다. 황순원 선생님의 단편 소설 《소나기》의 어린 두 주인공이 떠오른다. 이렇게 안고 생활해도 좋으니 아내와 평생 함께할 수 있으면 좋겠다.

좋은 소식을 가져다주는 천사

아내는 꼼짝 못 하고 누워 있을 때 한 번도 그 고통을 이야기한 석이 없다. 대신 통증이 좀 가시고 봄이 편안해지면 머릿속에 떠오르는 대로 우리만의 옛이야기를 시작했다.

"그때 서울역에서 애들이랑 매표소 앞 긴 줄에 서서 입구를 얼마나 지켜본 줄 알아요?"

그 전날 나는 무슨 구국 대열에 동참한다며 술을 퍼마시고 밤늦게 집에 들어왔다. 아침 출근길에 보니 현관에 큰 옷 가방이 나와 있었다.

"이게 뭐지? 음… 다녀올게."

사무실에 앉아서도 그 가방 생각이 떠나지 않았다. '내가 미워서 애들 데리고 부산에 가려는 건가?' 서늘한 예감에 집에 곧장 전화를 걸었다. 역시나 아무도 받는 사람이 없었다. 당장 택시를 불러 타고 서울역으로 향했다. 입구에 들어서자 긴긴 매표소 줄 가운데에 딸아이를 안고 있는 아내와 즐거운 표정을 한 아들이 보였다. 나를 발견한 딸아이는 좋아서 "아빠!" 하고 소리쳤다. 아무 말 없이 아내의 옷 가방을 뺏어 매고 딸아이를 안았다. 아내 손을 끌고 역을 빠져나오며 미안하다고 말했다. 아내는 그때 내가 서울역으로 찾아오게 해달라며 속으로 기도했다고 한다. 기차표를 끊으려고 줄을 서면서도 초조한 마음으로 기다렸다고. 내 잘못으로 일어난 웃지 못할 사건이다.

반대로 아내가 날 찾을 때는 언제나 좋은 소식이 뒤따랐다. 회사에서 여러 일들이 겹쳐서 선배들 만류에도 결국 퇴사를 결정했을 때다. 우리 가족은 미국으로 떠나 첫 1년을 미시간주 랜싱에서 보냈다. 아내는 포로수용소 같은 기숙사에 살면서도 주변 풍경이 멋지다며 그곳을 낙원처럼 여겼다. 아이들은 미국 초등학교 생활에 잘 적응하고 있었고 아내는 근처 삼종 교회로 영어를 배우러 다녔다.

한 학기가 지났을 무렵 미국 동부 다른 학교로 진학해

야겠다는 결심을 굳혔고 나름은 열심히 준비했다. 그러나 강의를 알아듣지 못할 정도의 실력이었기에 당연히 불합격 통지를 받았다. 그때 내 절박한 사연을 편지로 적어서 다시 한번 학교 문을 두드렸다. 2주가 지나도록 연락이 없어서 포기하고 푸드 코트에 앉아 샌드위치를 먹으려던 순간이었다. 가죽 운동화에 검은색 트렌치코트 차림의 아내가 두리번거리더니 나를 발견하고는 환하게 웃으며 다가왔다.

"프린스턴에서 편지 왔어요."
뜯어 보니 1년 코스에 들어와도 좋다는 입학 통지서였다. 아내는 언제나 좋은 소식을 가져다주는 천사다.

얼마 지나지 않아 같은 주 디트로이트에 살던 동생이 빌린 커다란 밴에 이삿짐을 구겨 넣고 비 오는 날 밤새도록 프리웨이를 달려 학교로 달려갔다. 예쁜 건물들이 모인 고색창연한 장소였다. 행정실에서 아파트 열쇠를 받아 7층 집으로 들어섰을 때 창밖으로 보이는 카네기 호수 풍경에 감탄사를 연발하던 아내. 그 모습이 여전히 머릿속에 선명하다. 미국 2년 차 생활이 그렇게 꿈꾸듯이 시작되었다.

 아내는 프린스턴 생활을 두고두고 추억하며 음미하곤 했지만, 당시 나는 특별히 존경하던 교수님께 들은 게임이론 한 과목을 제외하고는 수업을 제대로 따라가지 못했다. 그래도 아내가 몸이 나아 다만 몇 발걸음이라도 걸을 수 있게 되면 프린스턴에 가보자고 약속했다. 그곳에서 딸아이가 박사후과정을 밟고 있으니 언제든 편히 갈 수 있다. 아내도 투지를 불살랐다.

침대맡 가족여행 이야기

통증이 조금 가셨는지 아내 얼굴이 편안해 보인다. 입원실 침대맡에서 아내가 가장 좋아하던 이야깃거리는 단연 과거 가족여행 회상이었다.

언젠가 우리 가족은 미국 대서양과 인접한 동해안 해변, 블루리지 애팔래치아산맥을 오가며 여행한 적이 있다. 남쪽으로 내려갈수록 두껍게 입었던 겨울옷을 하나씩 벗어 던져야 했는데, 큰 나라의 거대한 자연에 새삼 놀랐던 기억이 있다. 미국항공우주국(NASA) 부근에 있는 무시무시한 모텔에 예약 없이 들른 날의 기억도 여전히 생생하다. 그곳 분위기는 느와르 영화에 등장하는 마약 중독자들 소굴 같았다. 아내는 방에 들어가자마자 큰 탁자로 문을 막고 문손잡이와 탁자 다리를 노끈으로 묶었다. 샤워실에서는 커다란 거미가 출현해 아내를 놀라게 했다. 벌레, 곤충을 무서워하던 아내는 그날 잠도 제대로 못 잤다. 아내에게 무섭지 않았냐고 물었을 때 "당신과 함께 있으면 하나도 무섭지 않아요"라고 대답했던 게 기억난다. 당연하게 흘려들은 그때 그 말은 생각할수록 고마워 가슴이 미어진다. 다행히 다음 날 아침 모텔 앞으로 펼쳐진 풍경이 간밤의 두려움을 싹 앗아갔다. 검푸른 대서양 바닷빛이 얼마나 아름답던지 우리는 그 풍경을 바라보며 그저 즐거워했다.

"브로드웨이 극장에서 〈미녀와 야수〉를 볼 때 안내해 주시던 할머니도 고마웠어요."

학교에서 〈미녀와 야수〉 티켓과 왕복 버스까지 저렴하게 준비해 준 어느 날이었다. 신나게 달려간 극장에서 우리 가족 좌석은 맨 꼭대기였다. 그런데 공연이 시작되고 내부 안내를 맡은 할머님이 나를 살짝 부르더니 가족들을 데리고 아래 빈자리로 이동해도 좋다고 했다. 아마도 동양에서 온 아이들에게 좋은 추억을 선물하고 싶었던 모양이다. 아내는 두고두고 그 할머니의 친절을 기억하며 우리도 그렇게 우아하게 나이 들자고 했다.

학교생활을 마치고 귀국하면서 들른 요세미티, 그랜드 캐니언 그리고 라스베이거스 등 미국 서부 명소들은 동부와는 또 다른 분위기였다. 영화에서 본 모습 그대로 광활하면서도 신비로웠다. 그랜드 캐니언을 마주한 아내는 감탄사만 연발했다.

요양병원에서 종일 손 꼭 붙잡고 마지막 시간을 기다릴 때 아내는 불현듯 내게 말했다. 많은 곳에 데리고 가줘서 고맙다고. 하지만 고마운 건 오히려 내 쪽이다. 아내와 아이들이 있어서 미국행을 결정할 수 있었으니까.

아내와의 마지막 여정이 조금 더 근사하길 바랐다. 평생 집안일에 묻혀 살았던 아내이기에 더 멋진 여행을 선물하고 싶었다. 그런데 요양병원이 우리의 마지막 여정이 되고 말았다. 가족여행 때마다 경비를 더 넉넉하게 잡았더라면 좋았을 거라는 생각이 이제 와서 든다. 여러 사항을 고려한 아내 결정에 따른 것이지만 아쉬움만 남는다.

아내와 엄마라는 큰 나무

소박한 아름다움을 좋아하던 아내가 한번은 내게 물었다.

"당신이 청혼했던 장소 기억해요?"

"물론이지. 내가 고등학교 시절 늘 운동하러 다니던 곳이거든. 그래서 정도 들고 또 서울 시내가 다 내려다보이니까 시원하기도 하고. 그러고 나서 우리 청혼 반지 사러 갔던 거 기억나?"

아내는 고맙게도 소박하면서도 가성비 좋은, 연두색 칠보를 입힌 은으로 된 쌍가락지를 골랐다. 칠보가 다 닳을 무렵, 우리 부부는 18K 금반지를 맞춰 하나씩 나눠 꼈다.

언젠가부터 은가락지가 보이지 않는다. 아내가 떠난 뒤로 아내와 연관된 물건이 사라지면 내 마음이 이래저래 갈피를 잡지 못한다. 꼭 실성한 사람 같다.

둘 다 어설프기만 했던, 그러나 마냥 좋았던 젊은 시절은 짧게 지나고 그림 같은 아이들이 태어나 진정한 가정을 이루었다. 그 모든 시간 동안 아내의 마음은 점점 깊어지고 넓어졌다. 나와 아이들은 아내와 엄마라는 큰 나무에 기댄 여린 존재들이 아니었을까.

병원에서 우리 둘만의 놀이

 척추 수술 후 재활 치료로 넘어가면서 입원실도 옮기게 되었다. 우리 둘만의 아늑함은 그렇게 끝났고 더구나 다인용 여성 입원실이라 나는 몇 가지 불편을 감수해야 했다. 하지만 아내는 다 좋다고만 했다. 이제 재활만 잘 마치면 퇴원해서 아내가 그리 원하던 우리 집으로 갈 수 있고 표적항암제도 처방받을 수 있다. 딸아이를 보러 미국에 가자던 우리의 꿈이 눈앞에 있는 기분이었다. 어쩌면 딸이 미시간주 앤아버에서 뉴저지주 프린스턴으로 이사할 때 우리가 가서 손주들을 돌봐줄 수도 있다는 생각에 마음이 들떴다.

 "정말 내가 다시 걸을 수 있을까?"
 "하나님을 믿고 의심하면 안 된다고 했잖아. 12월 말에는 일어서고 2월 말에 세 발짝만 걷자. 그렇게 되면 앤아버로 갈 수 있어. 컨디션이 좋으면 아이들과 함께 이사하고 당신 옛 놀이터였던 프린스턴 거리도 쏘다니며 걷는 거야."

"그건 어려울 것 같아요… 예쁜 사람(딸의 애칭)이 너무 보고 싶어요."

희망과 의심이 공존하며 오가던 시기, 아내가 마음을 다잡고 조금씩 힘을 되찾으면서 내 마음 깊숙이 존재하던 두려움도 조금씩 사라졌다. 전이로 인한 위험을 두려워하던 마음이 오히려 재활을 위한 치료 준비로 분주해졌다. 앞으로 우리에게 어떤 시간과 계획이 필요할까? 아내에게 어떤 돌봄이 필요할까? 그 과정을 구상하는 것으로도 마음은 바빴다. 동시에 미국에 있는 딸아이 가족도, 학위 논문을 준비하던 아들도 조금씩 마음을 놓고 각자의 상황에 집중할 수 있었다.

재활병동 입원실에서 아내는 누워서 할 수 있는 운동을 했다. 나는 식사 때가 다가오면 식당 메뉴를 보고 아내가 먹고 싶다는 메뉴를 포장해 날라와 침대에 걸터앉아 같이 끼니를 나눴다. 아내는 늘 좋은 음식을 내게 많이 덜어주곤 했다. 재활 치료를 마치고 지하 식당가로 갈 때 장난을 치는 날도 많았다. 내가 휠체어를 밀다가 뒤에 매달려 경사로를 내려가면 아내는 속도 때문에 무서워하면서도 즐거운 듯 웃었다. 입원해 있는 동안 병원에서 남몰래 우리끼리만 할 수 있는 일종의 놀이였으니까. 재활을 마치면 거의 매일 아이스크림 하나 사서 나눠 먹으며 병실로 왔다. 하루가 금세 지나갔다.

병원 안에 미용실이 있다는 사실을 알고 머리를 하러 간 날도 기억난다. 영화 〈아웃 오브 아프리카〉 재연은 그만두고 오랜만에 미용실에 가자며 머리를 다듬고 샴푸까지 한 날, 아내는 상쾌했는지 너무 좋아했다. 그러면서도 모차르트 클라리넷 협주곡을 틀고 내가 머리를 감겨줬던 때가 더 좋았다고 말하던 아내. 아내는 퇴원하면 내 머리도 그렇게 감겨준다고 했다. 병실에서 201일 동안 어떻게 견뎠냐고 묻는다면 그건 이런 아내와 함께했기 때문이라고 답하고 싶다.

퇴원, 새로운 날들의 시작

 아내가 퇴원했다. 집에 돌아오는 날, 아들은 엄마를 맞이한다고 나름 청소까지 해 뒀지만, 그 수준이 아내 눈에 차기는 어려웠다.
 "나 좀 싱크대에 데려다줘요."
 싱크대 앞에서 아내는 어떻게 이렇게 지저분할 수 있냐고 야단이었다. 누구에게 말하는지도 알 수 없었다. 그동안 나는 줄곧 아내와 병원에 있었고 아들은 학교 연구실에 있는 시간이 많았으니 말이다. 깔끔한 아내 성격에 오랫동안 집을 비웠으니 속상함에서 올라온 기분풀이였을지도 모른다. 어쩌면 스스로 하반신을 쓰지 못하는 데서 오는 실망감 때문일 수도 있고.

 나는 집이 한동안 거의 빈 채로 있어서 그렇다고 말하며, 이제 내가 청소를 다 하겠다며 달랬다. 그리고 침대에 눕히자 아내는 고개를 파묻은 채 한참 있었다. 오랜만에 온 집이라 그런지 그렇게 편하고 좋을 수가 없었다. 다만 아내의 환한 기운이 줄어들어 아쉬웠다. 어떤 사람이나 물건은 존재 자체로 주변을 환하게 하고 밝은 분위기를 만든다. 나는 운 좋게도 가장 가까이에 있는 가족들, 아내와 아내를 닮은 아들딸이 그랬다. 그러나 오랜 입원 생활은 아내를 지치게 했고 한없을 것 같았던 밝음이 빛을 잃고 있었다.

아내가 집에 빨리 적응할 수 있도록 가구를 옮기고 운동 공간을 확보했다. 아침에 일어나면 아내를 안고 거실로 출근했고 저녁 식사 이후에는 최고 안식처인 안방 침대로 퇴근했다. 오전에 내가 집을 청소하는 동안 아내는 성경 말씀을 들었다. 그리고 청소가 끝나면 나는 아내에게 요리를 배웠다. 미역국, 카레, 된장국, 달걀프라이 그리고 압력밥솥에 밥 안치는 법 등등. 친구들과 친척 동생들이 보내준 반찬이나 국도 큰 도움이 됐다.

오후에 우리는 주로 같이 운동하거나 재활 치료소에 갔다. 운동할 때 얼마나 용을 쓰는지 아내 이마에 굵은 땀방울이 맺히곤 했다. 송골송골 맺힌 땀방울을 보면 옛 생각이 났다. 그때 살던 집은 서향이었는데, 그만큼 빛이 오래 머물러 한여름에 어린아이들 키우기가 여간 고생스러운 게 아니었다. 처가에서 보내준 에어컨이 얼마나 고마웠는지 아내랑 두고두고 그때 얘기를 한다. 아내는 여름보다 겨울이 좋다고 했다. 바짝 붙어서 팔짱을 끼고 걸을 수 있으니까. 대신 여름에는 새끼손가락만 걸고 돌아다녔다.

아내는 상반신 힘만으로 이것저것 하기 힘들었을 텐데도 이를 악물고 매일, 최대한 많은 시간을 재활 운동에 투자했다. 재활 치료소에서 사용하는 기구를 사서 집에서도 그대로 따라 했다. 다리에 근육도 조금씩 붙는 듯했고 몸을 많이 움직이는 만큼 정신적으로도 한결 단단해졌다.

자기 힘으로 온전히 통제할 수 없는 몸에 갇혀 지내면

서도 아내는 늘 내게 고맙다고 했다. 내가 아내를 자주 안고 다리 역할을 대신 해주는 것에 대해서. 나도 마찬가지였다. 아내의 다리를 대신할 자유를 줄 수 있다는 게 서글픈 행복이었다.

"서른 걸음만, 스무 걸음만, 아니 설 수만 있어도 내가 다 알아서 할게."

집안에서 짧은 거리를 안고 이동할 때마다 나는 아내 귀에 대고 속삭였다. 그렇게라도 아내의 재활 의지가 꺾이지 않길 바라면서.

서두르지 않고, 그러나 쉼 없이

집에 와서 제일 좋은 점은 목욕과 머리 감기였다. 일주일에 두 번 욕실을 따뜻하게 데우고 뜨끈한 물이 준비되면 아내를 욕실 의자에 앉혔다. 머리부터 감기고 샤워를 해주었다. 아내에게 통증이 찾아오기 전에 표정을 세심히 살피면서 모든 행동을 신속히 끝내야 했다. 목욕한 후 아내는 평소보다 깊이 잤다. 덕분에 나도 잘 잤다.

아내의 자는 모습은 참 아름다웠다. 부부 사이에 아름답다는 표현은 통상적인 의미를 뛰어넘는다. 오랜 세월 함께 살면서 각자 영혼에 밴 습관이 서로 녹아드는데, '아름답다'는 말은 이 모든 것을 함축한다. 우리 둘은 길지 않은 시간 동안 그런 행복을 누려왔다. 밝은 희망 속에서 앞만 보고 달려가며 매일 아침 눈을 떴으니 말이다.

재활 치료소에 가거나 병원에 진료받으러 갈 때는 나름 입체적인 작전을 수행해야 했다. 아내를 침대에 눕힌 채 옷을 갈아입히고 간이 휠체어에 태워 집을 나선다. 아들이 운전해 주는 차를 타고 우리는 목적지로 향한다. 원래는 아들 공부를 방해하지 않으려고 아내와 나 둘이서 움직였는데 어느 날은 진눈깨비가 날려서 뭔가 불안했다. 그날은 또 준비했던 휴대용 휠체어 공간이 겨울옷을 입은 아내에게 비좁았다. 집, 주차장, 차, 진료실 등으로 오갈 나를 생각하면 아내도 안쓰러웠던 모양이다. 하는 수 없이 그때부터 우리는 아들에게 도움을 청했고 나는 아내를 보살피는 데 더 집중할 수 있었다. 이런 상태에서는 아들도 공부가 제대로 될 리 없었을 것이다.

나중 일이지만 결국 아들은 한 학기를 더 들여 학위를 받게 되었다.

"서두르지 않고, 그러나 쉼 없이 Ohne Hast, aber ohne Rast." 독일 철학자 괴테의 말이다. 아내의 재활과 아이들 공부를 생각하면 당시 우리 가족에게 절실히 필요한 정신이었다. 온 가족이 말없이 이 생각을 지키려 부단히 애썼다. 나는 거기서 조금 벗어난 느낌이 들긴 하지만. 훗날 아들

학위 수여식 날, 아내는 아들이 안고 있는 큰 사진 속에서 함께했다. 여전히 환하게 웃고 있는 사진 속 아내, 일본에서 온 큰누나가 대신 그 자리의 즐거움을 아내와 나눴다. 아들의 학위 과정 입학이 정해졌을 때 뛸 듯이 좋아하며 기도하던 아내 모습이 어른거렸던 나는 한참 동안 학교 뒤 바위산만 가만히 바라봤다.

2부

하나님께로 가는 짧은 여정

통증이 주는 고통

아침에 일어나면 아내 다리를 마사지하고 집 청소를 한 뒤 아침 식사를 준비했다. 식사를 차리면 아내를 깨워 식탁에 앉혔다. 식탁에서 가볍게 세수하고 밥을 먹은 뒤 쉬는 동안 잠시 미국에 있는 딸과 영상으로 통화했다. "빨리 나아서 미국에서 만나자"는 이야기, 영상 너머로 손자 재롱을 보는 게 아침의 큰 낙이었다. 통화를 마치면 아내는 날카로운 눈으로 집안을 휙 둘러본다. 정리 상태가 마음에 들면 그렇게 우리의 하루일과는 시작된다.

하루는 아내와 둘이 병원에 재활 치료를 받으러 갔다. 모든 일정을 마치고 나오는 길에 우연히 아내와 나의 놀이터였던 지하 식당가를 지나왔다. 휠체어 놀이, 이송용 침대 놀이, 이송용 침대를 찾으려 헤매던 기억, 재활 치료를 마치고 식당가에서 아이스크림을 나눠 먹던 일, 식당 메뉴를 보고하면 아내가 원하는 메뉴를 고르고 내가 그걸 사 와서 침대에 앉아 함께 먹던 기억… 꿈을 꾸듯 그 모든 순간이 머릿속을 스쳐 지나갔다.

집으로 돌아오던 길 아내는 우리가 즐기던 드라이브 코스를 돌아보자고 했다. 차를 성북동 뒷길로 몰아 길상사를 거쳐 북악 스카이웨이를 타고 예전 살던 청운동 길로 내려온다. 광화문을 지나 삼청동으로 그리고 청혼했던 장소까지 들러 집으로 오는 코스다. 아내는 별말 없이 차창 밖 스치는 풍경을 눈에 다 담고 있는 분위기였다.

그날 밤부터 아내가 잠을 설치는 날이 늘었다. 통증은 더 주기적으로 찾아왔다. 나 또한 마음이 심란했지만 아무런 내색 없이 진료를 받아보자고 했다. 병원에서는 전보다 강도 높은 진통제만 처방해 줬다. 신기하게도 이 통증은 누워 있으면 사라지고 30분 이상 앉아 있으면 찾아왔다. 결국 모든 움직임을 30분 한도로 맞춰야 했다. 아내가 손짓하면 안아서 침대에 누이고 시간이 좀 흐르면 다시 앉히고…

한도 시간은 점점 짧아졌다. 30분, 20분, 15분… 이제는 병원에 가도 휠체어가 불안해 환자 이송용 침대를 먼저 찾아야 했다. 통증은, 통증이 주는 고통은 인간의 정신을 황폐화한다. 아내가 통증으로 고통스러워할 때, 아내 이마에 굵은 땀방울이 순식간에 맺히는 것을 보고 소스라치게 놀란 적이 있다. 옆에서 지켜보는 사람의 초조함, 그것 역시 당해 본 사람만 알 수 있는 고통이다.

"통증이 지금보다 더 심해지면 어떻게 합니까?"
절박한 내 물음과 달리 돌아온 의사의 답변은 간단했다.
"호스피스 병원이나 요양병원으로 가세요."

하나님께로 다가가야 할 과정이 가까워졌음을 느꼈다. 아내와 나는 끝까지 지나간 기억을 나누며 지냈다. 그러는 동안에도 아내가 눈을 감고 있는 시간은 점점 길어졌다. 우리가 헤어질 시간도 그만큼 다가왔다는 의미였다.

시간을 붙들 방법이 없다. 그 사실은 내게 한없는 무력감을 줬고 끝 모를 상실감으로 허우적거리게 했다. 부부가 헤어지면 흐른 세월 대비 차차 잊힌다고들 말한다. 그런데 내 생각은 그렇지 않다. 어떤 기억은 흐르는 세월이 더해질수록 더 진하게, 오래도록 생각난다.

어쨌든 그날을 기점으로 아내는 재활을 위한 운동 시간을 줄일 수밖에 없었다. 모든 움직임의 절대 기준은 '통증'이 되었다. 아내가 고통받는 모습이 우리 가족 눈앞에 나타나지 않도록 하는 게 가장 큰 목표였다. 이전까지만 해도 잘하면 아내가 나을 수 있다는, 어느 정도 기적을 바라는 마음이 일말 있었는데 그날 이후 두려움이 조금씩, 조금씩 내 마음을 갉아먹기 시작했다. 아내의 의지도 점점 약해졌다. 그 모습을 지켜보는 일이 무엇보다 힘들었다.

암세포 전이

"내 눈에 당신이 두 명으로 보여."

"그거 잘됐네… 한 놈이 말 안 들으면 다른 놈 보면 되니까."

"그게 아니고 다른 모든 것들이 두 개로 보여…"

올 것이 왔다. 예감이 좋지 않았다. 내가 무너지면 안 된다. 그런데 마음이 한없이 가라앉는다. 이제 곧 통증도 시작될 텐데… 아내에게는 애써 아무렇지 않은 듯 별거 아니라고 말한 뒤 응급실로 향했다.

병원에 도착해 아내를 안고 환자 이송용 침대를 찾았는데 보이지 않아 결국 휠체어에 아내를 앉혔다. 몸이 누워 있을 때와 비슷한 상태가 되도록 휠체어를 45도 뒤로 기울인 채 응급실에서 차례를 기다렸다. 이런저런 검사를 마치고 구석에 앉아 있었다. 초조하고 갑갑한 시간은 왜 그리도 더디게 흐르는지. 그래도 그때는 같이 손잡고 기다릴 수 있었으니 혼자인 지금보다 나은 것 같기도 하다.

의사 한 분이 아내를 찾아 우리 쪽으로 오시더니 큰 목소리로 외치면서 결과를 알려줬다. 얼핏 로마 시대 집정관이 승전 포고문을 낭독하는 모습이 머릿속에 스쳤다.

"암세포가 척수와 뇌까지 전이됐습니다. 어렵겠지만 훌륭하신 선생님들 많으시니 잘 치료하면 호전될 수 있을 거예요. 희망 놓지 마세요…"

아내는 내 손을 꼭 잡고 눈을 감은 채 아무 말이 없었다. 난들 무슨 말을 하랴. 무언가 붙들고 싶었지만 결국 아내의 손만이 유일한 피난처였다. 누구도 원망할 수 없고 오롯이 내가 감당해야 할 신의 뜻이었다. 옆에 앉아 있던 할머님 한 분이 일어서더니 나한테 앉으라고 권했다. 내가 측은해 보였던 모양이다.

응급실을 빠져나와 집으로 오는 동안 우리 둘 다 아무 말도 하지 못했다. 입을 열면 금방이라도 감정이 북받칠 것 같아서 깊은 바다에 잠긴 듯한 분위기로 집으로 돌아왔다. 아내는 안방 침대에 누워 가만히 있었다. 아마도 이제 하나님께로 가는 여정을 준비해야 할 것 같았다. 아들에게 결과를 이야기하고 딸에게는 문자로 알렸다.

그리고 나는 서둘러 저녁을 준비했다. 달리 할 일도 없었다. 밥 준비와 청소. 예전에는 아내의 주된 일이었던 부분을 한동안 내가 계속했다. 이 일마저 없었다면 당시 내 어지러운 마음을 어찌 달랠 수 있었을까.

단순한 작업을 이어가며 내 머리 한쪽은 아내를 위한 진통제를 생각했다. 아내는 여러 가지 생각을 정리하는 듯 보였다. 나를 부르더니 희미하나마 단호한 말투로 말했다.
"나… 포기할래요. 난 여기까진가 봐요…"
내가 무슨 말을 해야 할까. 침대 모서리에 걸터앉아 아내 손만 꼭 잡았다.
"아냐. 견뎌야 해. 나도 방사선, 항암 치료 다 견디고 지금 이렇게 당신이랑 있잖아."

"난 당신이 아니에요. 지금 내 몸도 그렇고… 너무 지쳤어요."

그렇게 아내는 하나님께로 떠날 결심을 굳힌 것처럼 보였다.

담담하고도 단호한 결심

"당신도 할 수 있는데…"

암세포가 전이되었다는 사실을 알았을 때 나는 아내에게 이 말 말고 달리 해줄 말을 찾지 못했다. 그러나 돌이켜 보면 그때 했던 말들은 모두 내 잘못이고 실수였다.

사람은 누구나 실수한다. 그리고 그만큼 고통받는다. 내 설득에 아내는 일단 방사선 치료를 받아보겠다고 했다. 재활 대신 방사선 치료로 방향을 틀고 아내 기분을 최대한 유지하면서 남은 희망의 단서를 다시 찾는 새로운 여정이 시작되었다. 그럴수록 통증과 고통은 끊임없이 아내를 따라와 괴롭혔다. 결국 치료를 시작한 지 6개월 만에 나와 아내는 모든 과정을 내려놓기로 했다. 하나님께로 가기로 마음을 정한 아내는 딸아이가 너무 보고 싶다고, 불러달라고 말했다.

모든 희망이 사라졌다는 사실을 확실하게 깨닫고 나면 오히려 담담해진다. 아내를 대하는 나의 손길도 절박

함에서 오히려 담담함으로 바뀌었다. 그렇게 슬픔을 상실한 상태가 스스로 의아할 정도였다. 끝도 없이 밀려오던 무능함, 그에 따른 죄책감도 어느샌가 한 발짝 멀어진 채였다. 어쩌면 신중함과 사려 깊음이라는 단어는 나와 무관했다. 고 테레사 수녀의 말을 빌리자면 신은 우리에게 성공을 요구하지 않고 단지 노력하기를 바라실 뿐이다. 아내의 삶은 그 뜻에 따랐으나 나는 한참 모자랐다.

딸네 가족이 도착하기 전 3일 동안 아내는 나에게 여러 가지 자잘한 일을 부탁했다. 아무 일도 없다는 듯 담담하고 고분고분하게 시키는 대로 하는 내 모습이 어쩐지 낯설었다. 딸네 가족에게 연락하고 나는 요양병원 입원 절차를 알아봤다. 고마운 친구들 덕에 요양병원으로 향하는 여정은 순조로웠다. 눈물겨울 정도로 그랬다. 숨을 곳이 있다면 그곳에서 숨을 고르고 싶었다. 그런데 그럴 만한 장소가 딱히 없었다. 그때 언젠가 아내가 지나가듯 던진 말이 생각났다.

"난 당신과 결혼하고 딱 두 번 울었어요. 당신이 암 수술했을 때… 저기 다용도실 세탁기 앞에 쭈그리고 앉아서 한 번, 그리고 아들이 대학 떨어졌을 때 한 번요. 딸은 뭐 걱정할 일이 없었으니…"

 불현듯 떠오른 말에 다용도실 문을 열어봤다. 하지만 내가 앉을 만한 공간은 아니었다. 무엇보다 앉아서 슬퍼할 겨를도 없었다. 아내가 내 곁을 떠나는 상황이 온다면 마지막을 아내가 좋아하는 분위기로 만들어주고 싶었다. 아내가 세상에서 가장 좋아하고 아끼던 가족들과 되도록 따뜻하고 편안하게 헤어질 수 있도록 주변을 꾸며주고 싶었다. 어떻게 채워야 그럴 수 있을까를 고민하느라 머릿속이 복잡했다.

 그즈음 입맛도 없었을 텐데 아내는 억지로 밥을 먹고 평온한 표정을 지으려 애썼다. 딸네 가족을 만난다는 일념이 그 모든 걸 가능하게 했다. 내 모든 신경은 아내 얼굴에 언뜻언뜻 나타나는 미묘한 표정에 집중되었다. 통증 강도에 따라 표정이 조금씩 차이가 났다. 때때로 내가 이상스럽게 느껴진다. 이런 상황 속에서도 밥이 잘만 넘어갔다. 실상은 밥을 밀어 넣는다는 표현이 어울리는 상황이었지만 현실이 그랬다. 내가 무너지면 안 된다고 생각했으니까.

드디어 눈에 넣어도 안 아픈 딸아이 가족이 왔다. 훌륭한 성품의 사위와 재롱둥이 손자. 내 일이 잘 안 풀리고 형편이 어려워졌을 때 아내가 나를 다독이며 들려준 말이 있다. 하나님께서 한쪽 문을 닫으실 때는 꼭 다른 쪽 문을 열어두신다고. 이탈리아 속담을 빌리자면 하나님께서 바람을 시켜 그리 하신단다. 그래서일까. 아내가 떠날 무렵, 우리 가족에게 사랑스러운 손자를 보내주셨다.

3일 동안 딸아이와 두런두런 이야기를 나눈 아내가 나에게 조용히 말했다. 이제 요양병원으로 가자고. 아주 오랜만에 힘들게 만난 딸네 가족들과 영원한 헤어짐을 준비하면서도 이토록 담담할 수 있다니. 아내의 이런 단호함은 어디서, 어떻게 오는 걸까.

 고통과 싸우기에는 집보다 요양병원이 나을지도 모른다. 통증이 주는 고통은 인간의 존엄을 무너뜨리고 황폐하게 한다. 어떨 때는 아내의 고통을 지켜보며 슬픔을 견디기보다 내가 먼저 가는 게 낫겠다는 마음이 들 정도다. 그래, 그렇다면 떠나자. 다시 둘만의 세계로 들어가자.

 아내는 눈을 감고 이야기했다. 내가 옆에 있어서 무서울 것 없이 편안하다고… 머릿속에 어머니와 작은누이가 작고했을 때 모습이 스쳤다. 그때는 지독한 슬픔이 밀려왔는데 지금은 아무 생각이 나지 않는다. 그저 아내 손만 붙들었다. 눈을 감은 아내 얼굴만을 바라봤다.

 아내와 함께 갖은 정성을 다해 가꾸었던 우리의 보금

자리, 그곳에 아들과 딸만 남겨두고 떠나야 할 날이 다가왔다. 그날 아내는 "이제 엄마가 고통 없는 하늘나라로, 하나님 곁으로 떠나야 하니 곱게 보내줘야 한다"고 말했다. 아이들은 희미한 미소를 짓는 아내와 그렇게 작별했다.

    나는 아내를 따라 구급차에 올랐다. 아파트 현관에서부터 이미 머릿속은 텅 빈 상태가 되었다. 아내 손만 꼭 붙들고 눈을 질끈 감았다. 아무 말도 할 수 없었다. 내가 할 수 있는 게 하나도 없다는 기막힌 현실, 그 어떤 기도로도 위안이 되지 않았다. '어떻게든 집에서 통증을 관리하며 아들, 딸과 더 머물 수는 없을까'를 고민해 보지 않은 건 아니다. 하지만 아파보지 않은 사람은 알 수 없다. 통증이 닥쳤을 때보다 언제 또 통증이 찾아올까를 기다리는 마음이 더 두렵다는 사실을. 아무런 저항도 하지 못한 채 누워 있는 건 상상 이상의 고통이다.

마지막 여행, 그 첫 발자국

친구의 배려로 요양병원 입원실에 아내와 나 단둘이 들어갔다. 마지막 여행 첫 발자국을 뗀 셈이다. 아내는 내 마음을 위로하듯이 아늑하고 좋다고 했다. 미치겠다. 차라리 무슨 불평이라도 쏟아내면 좋겠는데. 통증을 통제할 수 있게 된 아내의 얼굴은 다시 밝아졌지만, 먹지를 못하니 점점 창백해지고 있다. 그 옆에서 나는 여전히 잘 먹으며 지낸다. 아내는 내가 밥을 먹을 때마다 많이 먹고 힘 내야 된다고 말하면서 정작 본인은 내가 떠주는 국물만 맛있게 흘려 넣었다.

이곳 일정은 병원보다 더 단순하다. 밥과 청소를 안 하니 아내가 누운 침대 옆에 의자를 놓고 앉아 종일 얼굴을 바라본다. 아내는 아침에 몸 마사지를 하고 내가 샤워하는 동안 조금 더 잠을 청한다. 밥을 먹고 주사를 맞고 남은 시간은 서로 얼굴을 마주하거나 손을 잡고 있다. 그러다 옛 추억이 떠오르면 짧은 이야기 나라로 다녀온다. 더 나이 들어 손자, 손녀를 보고 저녁노을 바라보면서나 할

법한 이야기를 요양병원 병실에 누워 나누는 이 상황을 어떻게 이겨내야 할까…

엄혹한 코로나 상황이라 면회가 안 되는 형편이지만 고맙게도 우리 가족은 병원 측 배려로 우주복 같은 방역복을 입고 상봉할 수 있었다. 아들과 딸네 가족이 두 차례나 다녀갔다. 점점 쇠약해지던 아내는 애들이 올 때면 깜짝 놀랄 정도로 회복되어 마지막 힘을 끌어냈다. 환자가 맞나 의심이 들 정도였다. 그러나 면회가 끝나고 애들이 돌아가면 지쳐서 눈을 감고 한참 동안 숨을 몰아쉬었다. 그나마 아파하지 않으니 나도 견딜 만했다.

아내의 머리카락이 자꾸 빠진다. 손으로 쓸어내리면 뭉텅뭉텅 빠진다. 평소 집에 떨어진 머리카락도 늘 말끔히 정리하던 아내였기에 여기에서도 청소하느라 바쁘다. 떨어지거나 빠진 머리카락을 하루에 몇 번씩 테이프로 찍어내도 뒤돌아서면 또 빠져서 베갯잇에 들러붙어 있다.

나도 12년 전 직장암으로 6개월간 항암 치료를 받았다. 그때 "당신은 머리카락이 하나도 안 빠진다"며 신기해하던 아내였다. 아내는 머리카락이 많이 빠져서 예쁜 맨머리가 드러났다. 민둥민둥한 두상을 하고도 이렇게 아름다운 사람은 작은누이 이후 처음 본다.

"고모(아내는 작은누이를 '고모'라 불렀다)는 미인이었고 나는 할머니인데. 이제 곧 만나겠네."

내 작은누이는 아내보다 33년 더 일찍 하늘나라로 갔다. 백혈병이었다. 정말로 하늘나라에서 두 사람이 만날 수 있다면 내 마음이 한결 덜 아플 것 같다. 하늘나라에 가서도 아내가 외로운 건 싫으니까. 하나님이 함께하신다는 사실은 물론 믿지만 겁이 많은 아내가 나 없이 혼자 있는 것보다는 부모님, 작은누이와 함께 지낸다면 조금은 안심이다.

아내에게 예쁜 모자를 씌워주지도 못했다. 30년 전 러

시아에 출장 갔다 오면서 사 온 모자가 기억난다. 그때도 아내는 그 모자를 참 아끼고 좋아했다. 내가 한 말은 겨우 "예쁘네" 뿐이었다. 멍청한 놈.

영화 속 한 장면처럼 화사하고 아늑한 병실이 과연 현실에 존재할까? 그런 분위기는 환자와 보호자 중 누구를 위한 것일까? 남겨진 사람들 부채감을 덜어주려고 만든, 현실과 동떨어진 공간일지도 모른다.

맑은 슬픔

 종교를 가진다는 건 삶에 큰 위안을 준다. 신의 뜻을 가늠할 만한 진리나 진실을 깨우치는 건 어려운 일이지만 종교에 기대 통증이 주는 고통을 덜어내게 해달라고 간절히 기도하게 된다. 아내의 고통을 내가 같이 지고 갈 수만 있다면 좋겠다고도 생각한다. 종교가 아무리 상상의 산물이라 하더라도 아내가 그토록 따르고 섬겼던 하나님께 아내를 맡긴다고 생각하면 조금은 마음이 평온해진다. 감사한 일이다.

 영화 〈오토라는 남자〉에서 주인공 오토(톰 행크스 분)는 말한다. 뭐든 정성껏, 제대로 해야 한다고. 아내는 지금껏 가족 모두에게 지극한 정성을 쏟았다. 그런데 나는 그러지 못했다. 아내가 겪는 통증 중 백분의 일이라도 내가 가져갈 수 있다면.

 아내는 영화 〈러브 스토리〉 여주인공이 말했듯 "사랑이란 미안하다는 말을 하지 않는 것"이라고 했다. 그렇다

하더라도 나는 너무 미안하다. 아내가 아프기 전에 나는 '자연'이라는 만물 신을 의지했다. 그런데 지금 와서는 그 신은 온데간데없고 아내가 그토록 의지했던 하나님만이 남아 오히려 내 마음에 안정을 준다.

요양병원으로 옮긴 뒤 통증이 잦아든 날이면 우리는 다시 옛날로 돌아가 추억 여행을 이어갔다.
"옛날에 내가 가장 고통스러웠을 때가 언제인지 알아요? 설악산 대청봉에서 내려올 때였어요."
"난 안 가요." 그날 아내는 단호하게 말했지만 내가 "봉정암에서 기도하면 자식들이 잘 풀린다"며 재촉하는 통에 따라나섰다. 독실한 기독교 신자인 아내가 그날 내 말을 들어줬던 건 봉정암의 효험을 기대해서가 아니었다. 평소 '사랑이란 상대의 모든 걸 받아들이는 것'이라는 믿음 때문이었으리라.

설악산 오색에서 대청봉으로 올랐을 때 아내는 거의

기절 상태였다. 봉정암에서 요기를 하면서 쉬었더니 차츰 안정을 찾았다. 그리고 하나님께 양해를 구한 뒤 아이들을 위해 열심히 기도했다. 엄마의 기도 덕분이었을까. 아이들은 둘 다 자기가 원하던 길로 조심조심 잘 나아가고 있다. 백담사까지 다 내려왔을 때 아내는 아들에게 매달리듯 의지해 겨우겨우 걸음을 옮겼다. 용대리에서 산 밖으로 나와 속초로 가려고 할 때 아내가 조심스레 물었다.

"우리 이만 집으로 가면 안 돼요? 나 너무 지쳤어요. 집에 가고 싶어요."

"그래, 그러자."

아내는 힘이 들거나 지칠 때면 늘 안방 침대를 찾았다. 그때 당시 아내 몸 상태는 엉망이었다. 그래서 중간중간 몇 번씩이나 쉬고 차 안에서 잠깐씩 눈을 붙이며 어렵게 집으로 돌아왔다. 아내가 무너지듯 침대에 몸을 던지며 한마디 말을 남겼다.

"나 이제 다시는 안 따라갈 거야."

그때 왜 그토록 지친 아내를 업어 주지 못했을까. 아직도 후회스럽다. 아내가 하늘나라로 간 뒤 어떤 산이든 오르기만 하면 그때 생각이 난다. 저 숲속 모퉁이만 돌면 아내가 기다리고 있을 듯해 살며시 다가가 보지만 어디에도 아내 모습은 보이지 않는다. 하나님 옆에서 할 일이 많은 모양이다. 무엇이든 깨끗하게 정리해야 직성이 풀리는 성격이었으니 하늘나라에서도 바쁠 수밖에.

아내는 죽음을 두려워하지 않았다. 슬픔은 많아 보였지만 억지로 참는 듯했다. 그 슬픔이 통증이 주는 고통 때문이었는지, 불편한 몸으로 살아가는 게 가족들에게 폐가 된다고 생각해서였는지는 알 수 없다. 언제나 내게 모든 걸 이야기하고 의논하던 아내였는데 가장 중요한 자신의 건강 문제만은 꽁꽁 숨긴 채 아무 말도 하지 않았다.

살아가는 동안 모든 힘을 가족들에게 헌신한 아내는 화사하고 고운 모습을 조금씩 조금씩 잃어갔다. 내 마음속에서는 여전히 그 모습 그대로지만 그래서 오히려 나를 끝없는 밑바닥으로 가라앉게 하곤 했다. 남편으로, 번듯한 아버지로 나를 세워주고 아끼고 또 사랑을 주던 모습… 내가 남편으로 아내에게 할 수 있는 마지막 의무와 인간적인 행동은 그녀가 아내이자 엄마 그리고 한 여인으로 끝까지 존엄할 수 있도록 돕는 거였다. 유난히 자존심이 센 아내이기에.

마음속 슬픔이 자리 잡게 둘 틈이 당시 내게는 없었다. 오로지 아내를 어떻게 하면 고운 모습으로, 편안히 하늘나라로 떠나보낼 수 있을지만 생각했다. 가장 큰 어려움은 육체적 통증으로 오는 고통을 조금이나마 덜어주는 것이었다. 극심한 고통이 잡히면 그다음 고통이 찾아오기 전까지 아내가 편안할 수 있도록 충분히 마사지를 해줬다. 그리고 우리의 추억을 나누며 아내가 기분 좋은 순간을 떠올리도록 이끌었다.

 시간이 갈수록 아내 목소리가 점점 약해지고 미소는 희미해졌다. 그럴수록 나는 냉정을 유지했다. 아내가 그 고결한 영혼을 지키면서 하나님께로 가까워지는 동안, 아내 몸은 점점 내게 맡겨졌다. 엄마에게 아기가 오롯이 안겨 있듯이, 그렇게.

연둣빛 이별

"왜 하나님은 아직도 나를 안 데려가실까?"
"나랑 조금이라도 더 여기 머물라고."
"그럼 끝나지 않을 텐데…"
"그래도… 조금만 더…"

 조금만 더. 내가 원하던 게 정말 그거였을까. 다른 걸 생각할 겨를이 없을 정도로 그저 슬펐다. 내가 무슨 말을 하는지도 당시에는 몰랐다. 통증이 주는 고통은 아내에게서 많은 것을 빼앗아갔다. 그토록 사랑했던 딸과 아들, 손자를 향한 지극한 사랑도 조금씩 색을 잃었다. 그 사이에서 나는 아무것도 할 수 없었다.

 요양병원에서 마지막 주를 보낼 때였다.
"난 참 잘 살았어요. 애들도 너무 사랑스럽고 자랑스럽고… 당신한테 참 고마워요. 다음 세상에서도 당신과 결혼할 거예요. 참 정이 많은 집안으로 시집왔어요. 다음 생에서도 꼭 이 집안으로 시집올게요. 당신은 착하니까 좋은 사람 만날 수 있을 거예요. 내가 먼저 하늘나라로 가 있을 테니 한 10년 정도 더 있다 오세요."

나는 아무 말도 하지 못했다. 머릿결 정리도 못 해주고 아내 손을 잡은 채 침대 모서리만 뚫어져라 쳐다봤다. 겨우 꺼낸 한마디가 어디 아픈 곳 없냐고, 마사지 좀 더 해주겠다는 말이었다. 아내는 고개를 흔들었다. 그저 가만히 있고 싶다고 했다.

추억 여행도 종착역에 다다랐다. 아내는 모든 게 다 힘들어 보였다. 평소 아내가 좋아하던 찬송가 〈은혜〉를 나지막이 틀어 귀에 가까이 대주었다. 겨우 알아볼 수 있을 정도로 희미하게 평화로운 표정을 지었다.

늦여름부터 시작한 아픔, 힘든 수술을 두 번이나 견딘 아내였다. 그리고 한겨울 내내 내 곁에서 꼼짝하지 않았다. 그날은 아내가 가장 좋아하는 연두색 신록이 세상을 따뜻하게 뒤덮을 무렵이었다. 주변이 온통 여린 초록으로 물들기 시작할 때 아내는 조용히 눈을 감고 몰아쉬던 숨을 멈추었다. 그렇게 좋아하던 계절에 어렵게 다다랐는데 희미한 미소만을 남긴 채 기다렸다는 듯 하늘나라로 떠났다. 아픔을 털고 가뿐히…

참으로 이상한 날이었다. 그날따라 일어나자마자 아내에게 귓속말로 "샤워하고 올게"라고 속삭인 뒤 나와서 옷 가방을 정리했다. '어? 내가 왜 가방을 챙기고 있지?'라고 생각하면서도 손이 저절로 움직였다. 그리고 잠시 일어나서 서성이다 아내 귓가에 찬송가를 조용히 틀어주고 몇 차례 더 서성였다. 그 잠깐 사이에 아내가 떠났다. 손쓸 틈이 없었다. 그래서 내 마음은 남은 평생 힘들지도 모르겠다.

'아… 곁에 가만히 앉아서 손이라도 꼭 잡고 있을걸…'
애꿎은 마음에 가슴을 쳤다. 눈물은 나지 않았다. 영생이란 사랑하고 사랑받던 마음들이 영원히 남아 함께하는 것이다. 아내 가까이에 틀어뒀던 찬송가를 끄고 아내 얼굴을 들여다봤다. 마지막 모습을 곱고 예쁘게 해주고 싶은데 어떻게, 뭘 해야 좋을지 도무지 생각나지 않았다. 그저 옆에서 서지도, 앉지도 못한 채 점점 차가워지는 손을 붙들고 아내 얼굴 가까이에 내 얼굴을 대고 조용히 속삭였다.

'잠깐만 헤어지는 거야. 잠시 먼저 가 있어. 큰애 결혼하고 손자, 손녀들 잘 크는 거 보다가 금방 따라갈게…'

내가 없어도 아내 옆에 하나님이 언제나 함께하시니 걱정은 안 해도 될 것이다. 이제 통증이 주는 고통도 더는 없을 테고. 말없이 견뎌야 했던 그 힘든 시간을 아내는 겨우 벗어났다. 오히려 다행일지도 모른다. 남은 내 외로움은 걱정하지 않아도 괜찮다.

아내는 마지막까지 맑고 밝은 사람이었다. 어떻게 그럴 수 있을까? 뭐, 마지막 몇 장면은 사실 잘 떠오르지 않는다. 평생 나에게 선물만 주다 간 아내, 이제라도 내가 보답하려 하니 떠났다는 생각이 든다. 정신을 차리고 아이들에게 전화했다.

"엄마 하늘나라로 떠났다."

말을 제대로 끝맺지 못하고 가만히 있었는데 아들과 사위가 준비한 대로 장례 절차를 진행하겠다고 말하며 깊게 숨을 내쉬었다. 이런 날이 왔다는 사실을 인정하고 세상 기준대로 움직일 날만 남았다.

요양병원에서 장례식장으로 가는 차 안에서 나는 반쯤 실성한 사람처럼 앉아 있었다. 내 마지막 날, 막연히 옆에 가족과 아내가 있었으면 좋겠다고 생각했다. 그런데 팬데믹은 그것조차 허락하지 않았다. 아내는 나하고만 마지막 날을 보냈다. 코로나 시절이라 장례식장도 겨우 구했고 화장장은 빈자리가 없어서 결국 하루가 지나서 그것도 밤 12시 반에 서울이 아닌 경기도 고양에서 치렀다. 황당한 장례 절차를 겨우 마치고 예쁜 항아리에 담긴 아내를 안고 집으로 돌아왔다. 부모님과 작은누이 사진을 둔 모서리 수납장 아래 칸에 아내 자리를 마련하고 예쁜 꽃을 나란히 놓았다.

　몸은 분주했지만 정작 내 마음은 보이지 않았다. 눈물과 함께 어디론가 숨었는지 심장이 텅 빈 듯했다. 그 와중에도 옛 어른들 말씀이 떠올랐다. '산 사람은 살아야지…' 옆에서 늘 팔짱을 끼던 아내는 가고 없지만 내 마음속에 깊이 뿌리내린 아내는 그저 좀 쉬고 있을 뿐이다. 그래, 산 사람은 살아야 한다.

3부

그리움을 안고 살아간다는 것

서글픈 빈자리

 아내를 떠나보낸 서글픈 빈자리가 이 짧은 글로 채워질지 모르겠다. 정신적으로 조금이나마 안정감을 얻는다면 더 바랄 게 없다. 앞으로 겪을 인생을 혼자 헤쳐 나가기가 두렵다. 그래서 아내와 함께했던 과거 그 시간에 더 집착하는 것인지도 모른다. 손자, 손녀의 환한 웃음은 아내가 날 위해 남기고 간 빛이다. 미래를 두려워하지 말라고, 그 시간을 제대로 누리라고 말하는 듯하다.

 아침에 눈을 뜨면 일어나 거실 소파 위에 걸린 액자 앞으로 자리를 옮긴다. 사진 속 아내는 환하게 웃고 있다. 주위에 소중한 사람들이 많기는 해도 그중 으뜸은 아내였다. 그래서인지 지금도 아내가 하루 종일 내 생활을 지켜보는 느낌이다. 아내는 나를 보며 웃거나 가끔은 정답게 잔소리한다. 시간이 지난다고 모든 일이 다 잊히는 건 아니다. 우리는 집 안에서든 밖에서든 하루가 다 지나도록 붙어 있다. 아내는 내 옆에, 내 안에 있다.
 아내를 향한 그리움을 온전히 지키며 하루하루를 살

아간다. 지금껏 아내는 나만 믿고 의지해 왔는데 이제는 떠난 아내가 내 삶을 지탱하고 있다. 한 가지 일이 마무리되면 아내에게 보고한다. 영화 〈캐스트 어웨이〉 주인공 척 놀랜드(톰 행크스 분)가 무인도에 고립되었을 때 배구공 '윌슨'에게 계속 말을 걸었던 것처럼. 일어나면 청소로 하루를 시작한다. 아내가 그러라고 했으니까, 나는 배운 대로 할 뿐이다. 집안 모든 게 아내가 마지막으로 손댄 그대로다. 그 주인이 없다는 사실이 아직은 실감 나지 않는다. 나 또한 이 상황을 빨리 받아들여야 할 텐데⋯

처음 아내를 만났을 때를 떠올린다. 그때는 유행의 맨 앞줄에 선, 패션 잡지 속 모델 같은 모습이었는데 나와 지내면서 점점 클래식한 스타일로 변했다. 내 경제 능력에 맞추느라 그랬을지도 모른다. 아들과 딸이 태어나면서 우리 삶은 더 풍성해졌지만 그럴수록 아내의 멋스러움은 점점 자취를 감췄다. 내 눈에는 그런 아내의 변화도 그것대로 멋있었지만 말이다.

가정일을 제하고는 모든 면에서 내게 맞추려고 노력했던 아내는 그만큼 내 의견을 최대한 존중했다. 언제나 내 영역에 머무르려 했던 아내가 자유롭게 훨훨 떠나고 나니 알겠다. 내 마음속에서 나를 완전히 장악하고 있는 건 오히려 아내였다. 처음에는 아내보다 내가 더 잘난 줄 알았다. 살면서는 아내와 내가 비슷하다는 느낌이 들었다. 아내가 떠나고 1년이 지나고서는 다시 깨달았다. 아내는 내게 정말로 과분한 존재였다.

내 손을 떠난 일, 내가 돌아서야 맞겠지만 부부 사이는 그럴 수가 없다는 것도 알았다. 마음속 너무 깊은 곳에 박혀 있기 때문일까. 한번은 친구 부인이 마음속 아내를 가끔은 밖으로 꺼내 놓으라고 했다. 그 말을 듣던 순간에는 좋은 아이디어라고 생각했는데 말처럼 쉽지는 않았다.

아내와 함께 봤던 풍경, 함께 느낀 분위기, 그때와 비슷한 햇빛이나 바람결, 그림자, 나뭇잎의 살랑거림, 색다른 향기… 우리가 경험한 익숙함 중 하나라도 나를 스치거나 눈에 띄면 내 몸은 얼어붙은 듯 경직되고 아내를 찾아 두리번거린다. 기억이 나를 그렇게 만들었다. 따뜻한 바람이 뺨을 가볍게 스치면 아내가 어루만져주는 것 같고 찬 바람이 몰아치면 빨리 집에 들어가라고 등을 떠미는 느낌이다. 봄이 오면 연둣빛 초록 안에 아내 모습이 한가득 숨어 있다.

  아내와 헤어졌던 방을 떠올려 본다. 포근함, 아늑함 같은 단어와는 거리가 먼 삭막한 요양병원 입원실. 그곳에서는 손자 사진과 딸이 놓고 간 작은 꽃바구니만이 따뜻한 빛을 냈다. 그래도 아내는 우리 둘만 있을 수 있어 만족한다고 했다. 마지막까지도 내가 복스럽게 밥을 먹으면 그 모습을 지켜보며 살며시 웃던 아내. 돌이켜 보면 아내 미소에는 여러 의미가 담겨 있었다. 대체로 기쁨이었지만 어떨 때는 약간의 실망감을 감추려는 의도였다. 그런 것도 이제야 깨닫는다.

내 인생의 등대

 돈이 있다고 불안에서 해방될 수 있을까? 그렇게 자유를 살 수 있나? 살아가는 데 반드시 많은 돈이 필요한 건 아니다. 부의 가치는 사람마다 다르다. 물론 일반적인, 최소한의 재력은 필요하겠지만 말이다. 특히 나이가 들면 더 그렇다. 가난에 시달려 피폐해지지 않을 정도, 그 정도의 해방감을 돈으로 살 수 있다면 충분하지 않을까?

 주어진 것에 만족하며 욕심 없이 삶을 즐기면 자유로운 정신 혹은 마음가짐만으로도 충분히 마음이 넓어지고 몸이 넉넉해진다. 가난이 주는 위축을 조금이나마 떨칠 수 있다. 꼭 금전적인 문제가 아니더라도 일상생활의 모든 면이 마음가짐에 달렸다. 마음이 부유하면 삶에서 편안함을 발견할 수 있다. 아내가 산책할 때 이따금 내게 주입한 말들이다. 그때는 흘려들었는데 지금은 그 말에 공감한다. 이제야 내가 철이 드나보다.

 생각할수록 아내를 먼저 보낸 일이 마음 아프다. 그래

서 주위에 내가 좋아하는 친구들에게는 꼭 남자가 먼저 세상을 떠나야 한다고 주장한다. 우리 부부가 노후에 접어들었을 때, 아내도 종종 나더러 먼저 가라고 말하곤 했다. 그래도 내가 움직이지 못하는 아내를 일일이 돌볼 수 있었던 걸 생각하면 오히려 지금과 같은 순서가 나은 듯도 하다.

천국은 반드시 있어야 한다. 세상에 남은 사람들 듣기 좋으라고 하는 말이라 할지라도 그런 위안마저 없다면 어떻게 남은 날들을 견딜 수 있겠는가. 천국은 아내가 가꾼 우리 집만큼 아늑해야 할 텐데.

신께서 생명의 교환을 한 번만 허락해 준다면 좋겠다. '거래'라는 의미는 어울리지 않는다. 신의 허락 아래 사랑의 힘을 빌리는 거라면 어떨까. 아내가 하늘나라로 떠날 때 그 곁에서 내가 할 수 있었던 건 겨우 손을 붙잡고 지켜보는 일뿐이었다. 내가 과연 아내의 존엄을 지켜준 게 맞을까? 모든 게 의심스럽고 아쉽기만 하다.

    떠난 사람에게 잘못한 게 많을수록 잊지 못한다는데 정말 그런 듯하다. 소박한 욕심, 검소함, 밝고 환한 성격을 내게 가르쳐준 아내는 어찌 보면 내 인생에서 등대였다. 어떤 날은 하루 종일 아내 생각만 난다. 그게 싫지 않아서 계속 그 상태로 있고 싶을 때도 있다. 어디에 있든 눈을 감고 아내를 느낀다. 별, 산, 바다 그리고 바람결에도 아내가 있다.

'황혼'이라는 신기루

우리 삶을 충만하게 채우는 행복 중 대부분을 차지하는 존재는 아들과 딸이다. 특히 딸은 아내와 모녀 사이라기보다 아주 친한 친구 사이 같았다. 아내는 늘 그 부분을 내게 자랑하곤 했다. 나와 아들은 아내에게 한 단계 낮은 차원의 자랑거리였던 셈이다. 함께 산책하다가 벤치에 앉아 숨을 고를 때면 아내는 두 번씩 기도했다. 서쪽을 바라보고는 큰애(아들) 건강과 학업 성취를, 동쪽을 바라보고는 미국에 있는 딸의 건강과 학업을 위해 기도했다.

아내는 나고 자란 집을 떠나 우리 집안에 들어와 제법 잘 지내주었다. 튼튼하게 뿌리를 내리고 잎이 무성한 나무를 키워냈다. 나는 어릴 때는 부모님과 형제자매 그림자 속에서 안전하게 자랐고 어른이 되어서는 아내가 만든 큰 나무 그늘 안으로 편안히 편입했는지도 모른다. 딸아이 혼사를 준비할 때 정말 그렇게 느꼈다. 앞으로도 이렇게 시키는 대로만 하면 되겠다고 생각했다. 기꺼이 아내의 머슴이 되기로 했고 심지어 그걸 자랑스러워했다.

 아내가 떠나고 뒤늦게 깨닫는 게 한둘이겠냐마는 가장 중요한 건 '함께'가 아니었다면 나는 아무것도 아닌 사람이었다는 사실이다. 아내는 온 힘을 다해 애들을 키우고 가정이라는 울타리를 바로 세웠다. 나는 겨우 돈 조금 벌어 오는 거 말고는 크게 한 일이 없다. 그래서 두 아이가 각자 가정을 꾸리고 나면 우리 둘이 재미나게 여기저기 여행 다니자고 입버릇처럼 말하곤 했다.

 아내가 하나님이 열어주신 문으로 나가 하늘나라로 떠나자 새로 열린 문으로 눈에 넣어도 안 아픈 예쁜 손녀가 방긋 웃으며 들어왔다. 손녀가 우리에게 올 때 딸려 온 바람결에 아내의 따스한 기운이 서린 듯했다. 그렇게 우리 가족은 끝없는 슬픔과 환한 희망을 동시에 마음속 깊이 받아들였다. 손주들이 자라는 세월만큼 슬픔은 무뎌질까. 어떤 슬픔은 무뎌지지 않는다. 슬플 때는 그 슬픔의 끝을 봐야 한다고 한다. 그 끝이 비록 죽음이라 하더라도 사랑하는 이를 만나러 가는 길이라면 기꺼이 가볼 생각이다.

　내가 예순을 조금 넘겼을 때 "그렇게 총명하던 사람이 이렇게 무뎌지다니…"라는 말을 아내가 한 적이 있다. 일반적이고 지극히 상식적인 상황에서 잘못된 판단을 내리거나 내 고집대로 행동할 때 주로 그랬다. 그 상황에서 뭐라 변명했는지 기억나지 않지만 그 말을 할 때 아내 표정만은 아직도 생생하다. 이제는 아내가 이 가정을 다스리겠다는, 아주 근엄한 표정이었다.

　가정을 아름답게 가꾸는 일은 부부 둘이 똑같이 노력해야만 이뤄질 수 있다. 하지만 우리 가정은 나보다 아내 노력이 더 넘치는 편이었다. 내 부족했던 노력까지 아내가 다 채워준 것이다. 아내만을 생각해 뭔가를 결정하고 최고의 대우를 한 적이 과연 있었던가. 내가 가족을 위해 노력했다면 그건 날 위해서이기도 했다. 그만큼 이기적이었던 날들을 후회한다. 반대로 아내는 내가 있고 아이들만 있으면 모든 면에서 만족했다. 그게 최상의 상태라고도 했다.

 젊은 날을 항상 무언가에 쫓기듯이 살았다. 경직된 내 사고를 조심스레 풀어서 다독인 사람도 아내였다. 노년이 되면 단둘이 여행을 다니며 '황혼의 낭만'을 곱씹자고 했었는데 그 약속도 지키지 못했다. 특별한 날이면 자기 선물을 받기보다 가정에 필요한 가구나 물건을 기념으로 사달라고 하던 아내, 그렇게 꾸민 집 구석구석을 바라보며 함께 늙어 가기로 했는데… 가구를 보며 추억을 나눌 사람이 사라졌다.

 영화 〈레저 시커〉에는 암에 걸린 아내 엘라(헬렌 미렌 분)와 치매를 앓고 있는 남편 존(도날드 서덜랜드 분)이 등장한다. 이 노부부는 병이 점점 깊어지는 와중에 캠핑카를 타고 여행을 떠나기로 결심한다. 그들은 신혼여행 때 묵은 호텔을 다시 찾고 그곳에서 왜 두 사람이 함께 관에 누워 땅속에 묻힐 수 없는지 이야기하며 고뇌한다.

 영화 설정상 그 노부부는 60년 가까이 희로애락을 함께 누렸고 우리는 겨우 35년을 넘겼다. 영화를 본 뒤 아내는 나더러 먼저 저세상으로 가 있으라고, 나머지는 자신이 깔끔히 마무리하고 금방 따라가겠다고 했다. 하나님의 존재를 단 한 번도 의심하지 않았기 때문일까. 하나님은 나보다 아내를 먼저 만나보고 싶어 했다. 결국 나는 아직도 그곳으로 가지 못하고 여기에 있다. 10년쯤 뒤에 오라고 했으니 그저 그날을 기다릴 뿐이다.

 그나저나 노후에 캠핑카 여행이라. 이제 해외여행은 손주들이 찾을 때 말고는 못 갈 것 같다. 아내 없이 혼자 여행을 떠나는 게 어떤 의미가 있을지. 스페인 남부와 프랑스 남부에 꼭 가보고 싶다던 아내가 마음에 걸려서인지도 모른다.

　영화 속 엘라와 존은 결국 함께 삶을 마무리하려 준비한다. 나는 아내를 먼저 보내고 홀로 남았다. 아내보다 내가 더 힘이 있었기에 가능한 일이었다. 그런데 나중에 내가 삶을 마감할 때는 어떻게 해야 할까. 실버타운? 요양원? 요양병원? 겨우 숨만 쉬는 상태로 누워만 있는 삶이 과연 존엄할 수 있을까? 노년의 삶을 훨씬 더 인간적으로 마무리할 수 있으려면 사회 변화가 필요하리라 본다.

슬픔이 밀려 들어오다

 알랭 드 보통은 '독신에는 외로움이 결혼에는 괴로움이 따른다'고 했다는데 그것도 사람 나름이다. 봄이 불러온 신록의 푸른빛을 가장 좋아했던 아내, 가을 느낌의 깊은 갈색을 선호하던 나는 그만큼 성격이 달랐다. 그 차이를 메워준 건 아내의 따뜻함이었다. 드러내지 않는, 숨겨진 따뜻함.

 마음 깊은 곳에 숨어 있던 내 열등감과 실패로 쌓인 좌절감은 그 따뜻함 덕분에 조금씩 사라졌고 뒤늦게 나는 삶의 희열을 마주할 수 있었다. 그랬기에 아내가 떠나는 모습을 지켜보면서 앞으로 내 삶에 닥칠 파란을 어떻게 견뎌야 할지 짐작하기도 어려웠다.

 일 때문에 2년 정도 홀로 지방에 내려가 생활한 적이 있다. 그때는 격주 주말에 한 번씩 집에 왔는데 아내가 그 2주라는 시간이 너무 길다고 했다. 시시때때로 내 생각을 하면서 기도한다고 했다. 내가 암 수술 후 퇴원했을 때도 아내는 집 가까이에 있는 교회를 새벽마다 찾아가 기도했다. 나 때문에 고생하는 걸 뻔히 아니 그때는 나도 같이 일찍 일어나 교회에 바래다주고 그 김에 뒷산 공원에 올라 운동을 했다. 그 정성 덕분에 깨끗이 병이 나았다고, 지금도 그렇게 믿고 있다.

 슬픈 그리움은 결국 남은 사람의 몫이다. 신이 없었다면 이 실성한 듯한 마음 상태를 도무지 극복할 수 없었을 것이다. 하늘나라에서 아내도 나와 다시 만날 날을 설레는 마음으로 기다리고 있으리라. 그렇게 생각하면 슬픔이 조금 달래진다.

 장엄한 풍경도 누구와 함께 보는지가 더 중요하다. 그에 따라 감흥이 아주 달라지기 때문이다. 아내는 나를 비롯해 주위의 모든 사물을 신앙적인 태도로 바라봤기에 그 어떤 자연의 모습도 한 단계 더 아름다워지곤 했다. 새벽 무렵의 여명이 대표적인 예다. 나 같은 낭만주의자는 사실 여명보다 석양을 바라보길 좋아했는데 이제는 전혀 그럴 기분이 나지 않는다. 언젠가 크루즈를 타고 여행할 때 갑판에서 아내와 바다 위 여명을 바라보며 나누던 커피 한 잔의 여운이 떠올라서인지도 모른다. 언젠가부터 나는 석양이 아닌 여명을 더 좋아하게 되었다.

경제적으로 좀 어려울 때도 그랬다.
"우리가 딱 요만큼만 가지고 아끼면서 살아가라는 하나님 뜻이에요. 우리 욕심부리지 말고 살아요."
아내는 우리 가족 모두 건강하고 아이들이 제 갈 길 알아서 잘 가고 있는데 뭐가 더 필요하냐고 했다. 그런 시선과 생각이 우리 삶을 더 단단히 지탱했다. 하지만 이제는 안다. 말은 '우리'라고 했지만 그건 나에게 정말 필요한 말이었음을.

죽음도 인생의 일부겠지만 아내가 말하는 천국으로, 주님 곁으로 간다는 표현은 이별의 의미에 남다른 해석을 붙인다. 영원한 이별이 아닌 아내가 나보다 조금 먼저 여행을 떠난 느낌 정도로 다가온다. 그렇게 생각하면 죽음이 주는 막연한 두려움도 사라진다. 나를 기다리는 이가 머무는 장소니까.

　이제야 하나님을 바라보던 아내의 생각을 제대로 이해할 수 있게 되었다. 그런데도 막상 슬픔이 마음속으로 밀려 들어오면 세찬 여울에 갇힌 듯 헤어나기가 쉽지 않다. 슬픔에 파묻혀 출구가 보이지 않는다. 그래서 눈물이 존재하나. 눈물은 일시적이다. 물기가 마르면 슬픔은 도로 익숙하게 마음속 위치로 찾아와 더 깊이 자리 잡는다.

　슬픔이 자리 잡으면서 내 머릿속이 좀 이상해졌다. 텅 빈 느낌이 들더니 그 자리에 '우울'이라는 이상한 느낌이 끼어들었다. 마음속 다른 문으로 아내의 웃음처럼 환하고 밝은 느낌을 들여야 한다는 걸 알면서도 내 힘으로 되지 않는다. 내가 옆에 있어 늘 든든하다고 했던 아내, 내 마음속에도 아내가 있으니 나는 슬픔이 하나도 없어야 맞는데… 그런데 그게 안 된다. 마음 한구석이 찌르르 아플 때는 다른 부분으로 감추고 덮어도 보겠지만 전체가 아플 때는 방법이 없다. 그저 이렇게 아파할 수밖에. 세월이 흐르면 나아진다고? 절대 아닌 것 같다.

햇빛을 닮은 사람

 혼자 음악을 듣는 게 괴로워졌다. 나도 모르게 눈물이 나서 그렇다. 베토벤 피아노 협주곡 3번, 모차르트 클라리넷 협주곡, 밴드 비틀스의 음악들, 소피아 로렌 주연의 영화 〈해바라기〉 주제곡, 〈디어 헌터〉 주제곡, 연주곡 〈알함브라 궁전의 추억〉 등등. 모두 아내와 즐겨 듣던 음악들이다. 특히 〈해바라기〉는 전쟁으로 어쩔 수 없이 헤어진 부부의 아픔을 이야기하는 영화라서 아내와 영화를 본 뒤 많은 이야기를 나눴었다. 무슨 일이 있어도 절대 떨어져 지내지 말자는 다짐과 함께.

 마찬가지 이유로 여행도 혼자서는 못 하겠다. 아내가 늘 같이 가기 싫어하던 산에는 여전히 오를 수 있어서 다행인가 싶다. 알뜰살뜰 모은 돈으로 아이들 모두 출가하면 우리는 같이 여행 다니기로 약속했었다. 지중해에서 크루즈를 타고 스페인 남부와 프랑스 남부를 돌아보려고 했다. 시간도 경제적으로도 여유롭게 다녀오려고 준비하고 있었는데. 그날을 위해 아내가 아끼고 소박하게 생활하면 가족 모두가 그 의견을 존중해 줬다.

아내의 검소함으로 얻은 삶의 여유가 이제 나 혼자만의 소유가 됐다. 아무리 마음속에 아내가 머물고 있다고 해도 이 돈을 여행에 쓰지는 못할 것 같다. 이런 여유는 차라리 아내의 마음을 듬뿍 담아 손주들에게 베풀어야겠다. 곱디 고왔던 할머니 이야기를 들려주면서.

우리는 둘 다 소설가 이병주 작가의 글을 좋아했다. 소설 《산하》에서 그는 "태양에 바래지면 역사가 되고 월광에 물들면 신화가 된다"고 했다. 승자의 기록은 태양 빛을 받아 역사가 되고 패자의 기록은 달빛에 젖어 신화가 된다는 의미다. 은연중에 신화를 찾는 사람이 나였다면 아내는 환한 태양 빛을 좋아하던 사람이다. 그래서 집도 환하게 꾸미고 몸도 마음도 주변도 어두워지지 않도록 늘 신경을 썼다. 그런 사람 옆에 있다 보니 내 머릿속 깊은 곳을 지배하던 어두운 과거와 기억도 날릴 수 있었다.

그리고 지금 나는 밝은 양지를 밟고 있다.

　평생을 밝고 선하게 살아온 아내는 친정에서도 복덩이였다. 부산에서 힘들게 피난 생활을 하시던 장인이 장모님을 만나 가정을 이루었는데 갖은 고생을 다 하다가 아내가 태어나면서 집안이 차차 안정을 찾고 일어섰다고 말씀하셨다. 그만큼 귀하게 큰 딸이었다. 그에 걸맞게 아내는 자존감이 아주 높았다. 그런데도 내 자존심을 항상 우선으로 존중해 줬다.

　불교에서는 인연 복을 좋은 사람들과 만나는 것, 서로를 이끌어줄 선한 관계로 정의한다. 그렇게 보자면 나는 인연 복이 참 많은 사람이다. 아내만 봐도 그렇지 않나. 옆에 있기만 해도 위안이 되는, 그런 사람이었으니. 아내의 분위기와 느낌, 표정… 모든 것들이 내 마음에 그대로 살아 있다. 혼자서 걸어도, 속으로 이야기해도 내 손은 아내의 손바닥을 느끼고 목소리를 듣는다.

아내의 물건들

　큰맘 먹고 아내 물건을 정리하려다 포기했다. 물건이든 추억이든 마음속에만 넣어두고 눈에는 들어오지 않게 버리자고 다짐했지만 다음 날 상자에 넣은 물건들을 도로 꺼내 제 위치에 놓았다. 아내가 입던 옷도 옷장에 다시 걸었다. 아내는 애들 옷은 백화점에서 사면서 자기 옷은 동대문, 남대문시장에서 골랐다. 즐겨 입던 옷이나 물건, 집에 비치한 인테리어 소품들… 아내가 남긴 모든 것들을 정리하기 어렵다. 집 문을 나서도 마찬가지다. 밖에서 쌓은 기억들도 대부분 아내와 관련된 것들이라 없앨 수가 없다.

　중매결혼이라 그랬는지 연애 기분을 느낄 틈도 없이 부모가 되었다. 다행히 아이 둘을 낳고 키우는 동안 '행복'이라는 단어의 참뜻을 음미하며 지냈다. 그 시간 동안 우리 감정은 정으로 바뀌었고 예순이 넘어서야 느지막이 황혼의 연애 감정이 찾아왔다.

우리는 언제나 손을 잡거나 팔짱을 끼고 다녔다. 그때가 서로에게 완전히 마음을 연 시기가 아니었나 싶다. 겨울에는 내 따뜻한 손을 참 좋아했던 아내, 여름에는 더우니 새끼손가락 하나만 걸고 다녔다.

세상의 모든 시공간은 열심히 사는 사람들의 놀이터라고 생각한다. 아내는 그 놀이터를 잘 누리는 사람이었다. 어딜 가든 즐겁고 행복하게 지냈다. 그런데 자기 몸은 생각하지 않는 경향이 있었다. 아들과 딸, 잘난 척하는 남편 보폭에 맞춰 그 공간들을 채워 나가느라 그랬지 싶다.

아내는 가족 외에 아주 친한 친구 두 명, 교회 구역 식구들과만 가끔 연락하고 만났다. 자기가 가진 시간 대부분을 집에서 청소하거나 홀로 신앙 서적을 읽으며 지냈다. 그래서 내가 가끔 점심에 연락해 밖에서 만나면 너무 좋아했다. 약수동에서 광장시장을 거쳐 동대문시장으로 이어지는 코스, 대학로 코스, 명동과 남대문시장 코스 등

크게 세 경로다. 우리는 팔짱 끼고 걷다가 마음에 드는 가게에 들어가 소품을 구경하곤 했다. 집에 필요한 물건을 사서 들어오는, 그런 별것 아닌 소소한 일상을 참 즐거워했었지.

정리하려던 물건을 다시 제자리에 갖다 놓자 너무 큰 안도감이 들었다. 정말 고민이다. 나중에 내가 아내 곁으로 갈 때 해결하면 되는 문제겠지?

잊을 수 없는 장면들

결혼 생활에서 부부는 각자만의 공간이 필요하다고 말한다. 그런데 아내는 평생 일군 자기 삶의 공간을 모두 내게 내주었다. 그 영역을 발견하는 날이면 모든 게 낯설고 신비롭다. 내가 이렇게 무지했나 싶을 정도로 아내 공간이 좁다. 이걸 이렇게 늦게 깨닫는 내 둔감함이 원망스럽다.

그토록 열심히 갈고 닦은 집안에서 사색을 위한 공간이 있다면 그건 아들과 딸, 나의 자리였다. 그런 부분, 부분을 느낄 때마다 내 마음은 따뜻하게 무너진다. 나를 무던히도 아끼고 존중했던 아내의 마음이 그곳에 고스란히 남아 있기 때문이다.

살면서 아내가 크게 화를 낸 적이 몇 번 있다. 돌이켜 생각해 보니 내가 아내 자존심을 건드렸던 사건들이다. 회사 송년 부부 모임 때 일이다. 즐거운 송년 파티가 끝나고 헤어질 시간이 다가왔다. 연로하신 회장님 부부가

자리를 떠날 때 내가 배웅하러 가면서 아내에게 잠시 기다리라고 했다. 배웅이 끝나자 다른 임원들, 직원들이 가느라 인사한다고 시간이 좀 지체됐다. 갑자기 아내가 안 보인다는 생각이 들어 연회장으로 급히 올라갔는데 그 컴컴한 곳에서 혼자 나를 기다리고 있었다. 아무 생각 없이 가자고 했는데 아내가 내 손을 뿌리치더니 휑하니 먼저 가 버렸다. 주차장에서 나는 왜 그러냐고 물었다. 아내는 대답이 없었고 화가 잔뜩 나 있었다.

여자들이 가장 원하는 건 스스로 주도적인 삶을 살아가는 것이리라. 그런데 아내는 언제나 나를 먼저 생각하고 그다음으로 자기가 원하는 걸 찾았다. 그런 태도에 나도 점점 동화되었다. 서로 존중하는 관계란 무엇인지 배워간 것이다. 지금 생각해 보면 그때 그 모임에서 아내와 같이 내려가 배웅했으면 될 일이었다. 자기 혼자만 내버려둔 상황에 섭섭함을 느꼈던 게 아닐까? 사실 아직도 정확한 이유는 알 수 없다.

아내는 화났을 때 안방 문을 닫고 조용히 들어가 버린다. 나를 스스로 미안하게끔 만드는 차분하고 인내심 있는 표정만을 남긴 채. 문이 잠겼으면 화가 많이 나서 이삼일 가야 풀리고 문이 안 잠겼으면 하루면 풀리는 강도였다. 물론 이삼일 걸릴 만한 화도 내가 밥을 안 먹으면 아내가 먼저 다가왔다. 왜 밥을 안 먹느냐고. 나란 사람은 밥심으로 사는 쪽이라 어디 탈이 났나 걱정이 되었던가 보다. 물론 나중에는 이 작전이 통하지 않았다. 차라리 사납게 화를 냈다면 지금 이렇게 돌이켜 생각하면서도 마음 한구석이 편했을 텐데.

아내가 사는 동안 가장으로 나를 무척 존중해 줬다면 아내는 내가 자기를 친구처럼 대할 때 가장 좋아했다. 그 편안한 분위기가 마음에 들었던 모양이다. '존중'이라는 감정을 잠시 접고 아주 친한 친구처럼 장난도 치고 허물없이 대하되 자존심을 건드려서는 안 된다. 모든 일이 그렇듯 선을 넘지 않는 게 중요했다.

머릿속에 각인되어 절대 잊히지 않을 듯한 아내 모습이 몇 장면 있다. 첫 만남. 장모님과 고모님에 가려진 아내는 살짝 미소 띤 모습이었다. 결혼 후 아기를 안고 푸석한 얼굴로 환하게 웃던 모습도 기억난다. 프린스턴에서 온 편지를 전하러 푸드 코트에 있던 내게로 웃으며 달려오던 모습, 카리브해 지역을 항해하는 캐리비안 크루즈 갑판에서 커피잔을 들고 일출을 바라보던 모습… 그리고 가장 여유로워야 할 행복의 시작점에서 처음 맞닥뜨린 아내의 서글픈 모습. 모든 게 잊을 수 없는 장면들이다.

꿈을 계획하던 날들

아내와 나는 맑게 갠 날 오후 산책을 좋아했다. 우리 집 뒤로는 남산이, 앞쪽으로는 매봉산이 있었는데 산에 오르기를 별로 좋아하지 않는 아내도 이 두 군데에 가는 건 좋아했다. 1년 사계절을 음미하면서 내 팔짱을 끼고 걸었다. 그러다 이태원이나 약수시장 쪽으로 내려오면 간단히 끼니를 해결했다. 집과 가까운 한강 자락도 주요 데이트 코스였다. 내 일이 한가해진 뒤로는 동대문과 남대문 주변으로도 산책로를 넓혔다. 아이들이 어릴 때는 백화점이나 시장에 가도 따로따로 다녔다. 나는 아이들을 보느라 밖에 있고 아내는 살 것들을 사서 나왔다. 노후에는 그럴 필요가 없으니 아내 옆을 졸졸 따라다녔다. 저녁은 소박한 식당을 주로 찾았다. 그때마다 아내는 항상 맛있게 먹고 감사하고 행복하다 했다.

지금이야 여유롭게 말하지만, 사는 동안 집안이 경제적으로 아슬아슬할 때도 있었다. 살림이 쪼들렸을 법도 한데 아내는 불평 한마디 없었다. 내 자존심을 지켜주느라 그랬다. 그 시절이 두고두고 고맙다.

  부산에 장모님을 뵈러 갈 때도 보온병에 커피를 타 가지고 다녔다. 출출하면 휴게소나 역내에서 산 간편식과 그 커피를 같이 먹었다. 돌이켜 보면 아내는 결혼하고부터 때마다 내 경제적 능력에 잘 적응했고 특유의 검약함도 마음껏 발휘했다. 언젠가 장모님이 처녀 때랑 비교하면 많이도 변했다고 말했다. 아내는 긍정도 부정도 하지 않았다.

  긴장감이 계속될 정도로 일이 안 풀리던 시절에도 아내가 굳건히 따뜻한 가정을 지키고 있었기에 나도 버틸 수 있었다. 아내가 내게 종종 하던 말이 있다.
"내 손에 들어오면 뭐든지 오래 가요."
  그래서 나도 고비를 잘 넘기고 건재할 수 있었다. 집안 모든 물건이 그렇다. 아내 손을 거치면 광택이 나고 늘 새것처럼 말쑥하다. 나도 그렇게 아내 덕분에 빛이 났다.

하지만 아내와 마지막을 함께할 수 없게 되면서 내 인생은 빛바래고 말았다.

영화 〈노트북〉에는 요양원에서 치매를 앓고 있는 아내 앨리에게 책을 읽어주는 남편 노아가 등장한다. 남편이 읽은 책은 사실 두 사람의 사랑 이야기이다. 자식들은 아버지에게 그만 집으로 돌아오라고 하지만 노아는 어쩌다 한 번씩 기억이 돌아오는 앨리를 기다리며 계속 곁을 지킨다. 자식들에게 노아는 이렇게 말한다.

"네 엄마가 내 집이야."

내 마음이 꼭 그렇다. 부부 중 누군가 치매에 걸렸어도 살아만 있다면? 아내 손길이든 남편 손길이든 서로를 조금이나마 변화시킬 수 있다면? 서로 살아온 세월, 사랑한 기억들이 모조리 사라지는 치매는 분명 힘든 병이다. 곁을 지키는 사람도 쉽지 않은 선택이다.

노후를 생각하면 어떻게 살아야 현명한 걸까. 미래를

계획하며 현재를 아끼는 삶을 살면 질병을 피해 갈 수 있을까? 그렇지 않다. 물론 나중을 대비한다는 것도 일리 있는 선택이다. 그렇지만 '카르페 디엠carpe diem'이라고 했다. '현재에 충실하라'는 의미다. 인생은 순간순간이 모여 언젠가 하나로 연결된다. 그러니 '지금'도 나중 못지않게 소중하다. 지금을 즐기느라 나중에 꿈꾸던 걸 접는 상황이 펼쳐지더라도 꿈을 계획하던 그 시간의 행복은 사라지지 않는다. 특히나 누군가와 함께 그 꿈을 꾸었다면 행복은 추억으로 고스란히 남는다. 아이들 다 독립하면 단둘이 여기저기 여행 다니자고 했던 약속이, 노후의 안락함이 여전히 내 마음속에 남아 있는 것처럼. 지금은 그 약속을 같이 실천할 아내가 떠나고 없지만 '아내'라는 단어의 소중함과 따뜻함은 늘 아주 가까운 곳에 있다.

혼자 산길을 걷다 보면 내 어깨에 내려앉은 늦은 오후의 햇살이 마치 아내 손길 같다. 조금 천천히 가자고 가만히 속삭이는 듯하다.

4부

시간은 흐른다

기나긴 희생과 책임

 아내가 떠난 지 벌써 1년이다. 늘 내 옆에 있던 사람이 안 보인다. 느낄 수도 없다. 짙은 상실감만 남긴 채 사라졌다. 그 어떤 말도 소리도 들리지 않는다. 지난 1년이 꿈을 꾸듯, 구름이 지나가듯 무심히 흘렀다.

 액자 속 아내를 물끄러미 바라본다. 아내가 잡았던 여러 물건을 만져본다. 아내가 앉았던 의자에 앉아, 아내가 마시던 컵에 커피를 타 마신다. 같이 듣던 음악을 튼다. 눈을 감고 기억과 추억을 더듬다 보면 음악도 잔잔히 흘러간다. 하루 종일 그렇게 보낼 때도 있다. 제대로 이별할 시간도 없이 떠나버렸기 때문일까. 이렇게 혹독한 이별의 시간이 찾아올 줄 몰랐다. 시간은 흐르고 슬픔은 더 절대적인 모습으로 자리 잡았다.

 정. 나에게는 사랑보다 정이 더 넓고 깊고 고차원적인 감정으로 다가온다. 아내는 아이들에게도 이토록 멍청한 나에게도 늘 정을 듬뿍 쏟아부었고 우리를 위해 기도했다. 아내는 나를 향한 감정을 어느 정도 선으로 생각했을까? 미운 정, 고운 정이라는 말이 있다. 오래전 내가 술을 자주 마실 때 아내는 종종 "정말 밉다"는 말을 하곤 했다. 나는 한 번도 아내가 미운 적이 없었는데. 아무래도 잘못한 쪽이 주로 나라서 그랬나? 아내에게는 고운 정과 미안함 뿐이다.

끝까지 평정심을 잃지 않았던 아내는 그 누구도, 나조차도 원망하지 않고 모든 상황을 순순히 받아들였다. 그리고 하나님께 감사 기도를 올렸다. 이 세상에 와서 하나님을 따라 물 흐르듯 살면서 내게 많은 깨달음을 줬다고 생각한다.

가정이 무너지는 이유는 여러 가지가 있겠지만 목록을 하나씩 지워가다 보면 '희생과 책임'에 큰 동그라미를 치게 된다. 건강하고 행복하게 가정을 가꾸려면 아주 긴 세월 동안 희생과 책임을 져야 하기 때문이다. 잠깐이야

누구든 견딜 수 있겠지만 기나긴 시간, 한결같이 이런 태도를 유지하는 건 쉽지 않은 일이다. 개인적인 생각이지만 이 부분에서 아내의 역할은 절대적이다. 우리 집의 경우 정말로 그랬다.

신혼 시절 사소한 다툼이 없었던 건 아니다. 그런데 작은누이가 일찍 세상을 떠나고 우리 부부는 다툼이 많이 줄었다. 아내는 결혼하고 얼마 되지 않아 바로 작은누이 병간호를 시작했다. 어머니와 교대하면서. 그때 작은누이와 정이 들었고 내 어린 시절 이야기를 많이 들었다고 한다. 작은누이가 세상을 떠나고 큰 슬픔이 가족들을 덮쳤을 때 어머니는 일주일에 한두 번 아내를 약수동 본가로 불러 우리 집안 이야기를 들려주셨다. 내가 본가로 퇴근하면 다 같이 저녁을 먹고 우리는 신혼집으로 돌아왔다. 집으로 돌아오는 길에도 아내는 어머니와 나눈 이야기를 즐겁게 들려주곤 했는데 어머니까지 돌아가시자 "이제 우리 가족이 잘 살아야 한다"고 말했다. 그 말이 슬품에 주저앉은 나를 일으켰다. 하나님은 그때도 슬픔 뒤로 다른 문을 열어주셨다. 그렇게 첫애가 태어나면서 우리는 아이의 재롱에 슬픔을 묻을 수 있었다.

위기의 순간에는 늘 아내가 있었다. 두고두고 고마운 마음이 쌓여갔다. 한번은 아내 생일날 그 고마움을 표현하려고 내가 직접 스테이크 정식을 준비했다. 어설프게나마 호텔 레스토랑 코스대로 대접하려고 백화점 식품 코너에서 모든 재료를 구입했다. 거기에 내 상상력을 더해 샐러드, 수프, 빵, 스테이크, 새우구이, 디저트까지… 케이크까지 다 먹고 나서 내가 설거지를 하려는데 아내가 나를 한사코 말렸다. 결국 딸아이에게 양보했다.

우리 네 가족을 위해 나름 최고의 생일상을 준비했다고 한동안 뿌듯해했다. 그런데 아내가 그 일을 가장 친한 친구에게 많이 자랑한 모양이다. 그렇게나 기뻐할 줄 알았다면 더 자주 해줬어야 했는데… 생각할수록 미안함만 더해진다. 내 힘만으로 행복했던 게 아님을 이제는 알기 때문이다.

 부모와 형제자매, 아내와 결혼하며 이룬 나의 첫 가정, 두 아이, 그리고 딸이 새롭게 세운 또 하나의 가족… 모두가 있어서 행복했다. 이 행복 안에 아내가 빠졌다는 사실이 공허하다. 가슴 칠 나이가 되어서야 깨닫는다. 함께할 수 있을 때 더 살뜰히 보살펴야 했다는 것을.

사랑의 시효

　우주가 암흑 물질에 둘러싸여 있듯이 내가 숨 쉬는 이 공간에 온통 아내가 있다. 그렇게 시간을 보낸다. 아내는 때때로 손자, 손녀를 보러 미국에 가기도 하고 아들이 보고프면 다시 한국으로 휙 날아온다. 여름날 내가 산에 오르면 시원한 바람이 되어 곁을 지키고 날이 차면 따뜻한 햇볕으로 나를 포근하게 감싼다. 언제나 우리 곁에 머무르는 바람결이 아내라고, 그렇게 생각하려 한다.

　떠나는 사람과 남겨진 사람, 지독하게 서로를 사랑하는 사이였다면 둘 중 어느 쪽이 더 고통스러울까? 내 운명과 아내의 운명이 겹쳐져 하나가 되었고 또 그 운명에 따라 먼저 아내를 떠나보냈다. 남은 생에 또 어떤 운명이 기다리고 있을지 알 수는 없지만 내 운명에 아내 운명이 깊이 녹아 있으니 크게 걱정은 하지 않는다. 그런데 아내는 떠나면서도 나를 걱정했다.

　아내가 움직이지 못해 침대에 홀로 누워 있을 때다. 쉴 때도 스마트폰으로 계속 뭔가를 하고 있었는데 아주 나중에야 그 연유를 알았다. 아내가 떠난 뒤 홀로 남은 내가 한동안은 고생하지 않도록 생필품 대부분을 주문해 둔 것이다. 내가 알던 익숙한 장소에서 쉽게 찾을 수 있도록.

 과거를 정리해야 앞으로 나아갈 수 있다고, 사람들은 말한다. 그런데 아내의 맑고 환한 웃음이 자꾸 눈앞을 가린다. 미치겠다. 이렇게 내 머릿속을 꽉 채우고 있는데 어떻게 정리를 한단 말인가. 지난 시간을 정리하고 싶지 않다. 적어도 아직은.

 333 생존 법칙이 있다. 공기 없이 3분, 물 없이 3일, 음식 없이 3주. 등산을 하다 보면 극한의 상황이나 구조를 기다릴 때 이 법칙을 떠올리라고 말한다. 생물학·심리학에서 말하는 사랑의 생존도 3의 법칙에서 크게 벗어나지 않는 것 같다. 사랑의 시효를 3년으로 보고 있으니 말

이다. 그 시간이 지나면 사랑이 주는 열정적인 느낌을 책임지는 호르몬인 도파민 분비는 줄어들고 신뢰와 유대를 책임지는 호르몬인 옥시토신의 힘으로 살아가야 한단다. 서로 돌봐주면서 정서적인 관계로 유지되는 것이다. 하지만 그 감정이 사랑보다 얕다고는 볼 수 없다. 정이란 본래 믿음과 헌신이 밑바탕이 되는 관계라서 삶에 크나큰 안정감을 준다. 요즘은 황혼이혼 비율도 높다지만 잘 가꿔온 부부의 연대감을 그 누가 쉽게 이해할 수 있으랴.

수요일 저녁 예배가 끝날 때면 교회 밖에서 아내를 기다리고 있었다. 환하게 웃으며 나오는 아내를 향해 양팔을 벌리면 쑥스럽게 웃으면서 하지 말라고 말리곤 했다. 그 모습이 좋아서 일부러 더 크게 팔을 벌리고 다가갔다. 교회 옆을 지날 때마다 그때가 생각난다. 아내와 꾸민 인생 후반부 계획이 빛바래듯 모든 추억에 시간이 쌓이고 있다.

추억의 크루즈 여행

누구에게나 스스로 가기로 정한 길이 있다. 아내와 내 길이 하나가 된 뒤 드물게 꼬여서 갈팡질팡한 적도 있지만 그 길은 끝까지 떨어지지 않은 채 쭉 뻗어 여기까지 왔다. 두 겹 길 중 하나는 천국에 있지만 나머지 길은 이 세상에서 아직 마치지 않은 일을 마무리해야 한다. 대견한 자식들, 예쁘고 귀여운 손주들 모습을 머릿속에 꽉꽉 채워 나중에 하늘나라로 뒤따라가는 게 내 남은 역할이라고 생각한다.

이제껏 살면서 아내는 내게 한 말을 꼭 지키는 사람이었다. 아무리 떠올려도 약속을 어긴 기억이 없다. 아내가 꼭 기다린다고, 10년 뒤에 보자고 했으니 나는 그 말을 전적으로 믿고 있다. 아내 곁에 아무리 하나님이 계신다 해도 아무렴 내가 옆에 있어야 더 마음을 놓겠지? 혼자 남아 슬퍼하느니 꼭 천국에 가고 싶다. 그것도 다 하나님 손에 달렸지만.

그렇다고 현실의 슬픔이 기쁨이 되는 건 아니다. 미리 알고 때를 기다리는 슬픔과 불현듯 찾아오는 슬픔 중 어느 쪽이 더 슬플까? 비교할 수 없을 정도로 똑같지 않을까? 슬플 때 사람들은 어디서든 위로를 받고 싶어 한다. 하지만 갑자기 찾아온 슬픔이든 천천히 스민 슬픔이든 결국 그 상황은 오롯이 본인이 겪으며 빠져나와야 한다. 슬픔의 크기와 깊이에 대해서도 생각해 본다. 상대적으로 보면 더 큰 슬픔, 깊은 상처가 있을 수 있다. 그러나 절대적인 관점으로 보면 누구나 당사자의 것이 가장 크고 심각하다.

그럴 때는 좋았던 기억을 떠올린다. 아내의 모습, 말투 그리고 행동에서 나는 늘 돌아가신 어머니와 할머니, 내 작은누이의 모습을 발견하곤 했다. 그래서 아내를 향한 그리움이 더 큰 건지도 모른다.

마음이 편한 걸 가장 중요하게 생각한 아내. 어떤 일이

나 행동을 판단할 때도 편한지 아닌지를 기준으로 삼았다. 식당을 정하거나 사야 할 옷을 고를 때도 그랬다. 우리가 캐리비안 크루즈를 타고 여행할 때도 팁을 줘야 하는 분위기 좋은 선상 레스토랑보다 편히 먹을 수 있는 뷔페식 식당을 선호했다. 일출 시각에 맞춰 인적이 드문 갑판에 올랐던 날이 생각난다. 커피 한 잔씩 타서 갑판 위 안락의자에 앉아 고요한 바다를 바라보면서 우린 참 많은 이야기를 나누었다. 우리 처음 만났을 때, 삼청공원에서 청혼한 일과 처음 맞춘 반지, 큰애가 태어났을 때, 둘째 태어났을 때, 애들 학교 생활하던 때 같은 이야기를 하다 보면 붉게 태양이 떠올랐고 그 광경을 다 보면 객실로 돌아왔다.

몇 번을 생각해도 그때 참 잘 다녀왔다는 생각이 든다. 지카 바이러스 감염증이 유행할 때라 고민이 많았는데 배에서 내리지 않으면 된다는 말을 듣고 과감히 실행한 여행이었다. 걱정이 많았던 만큼 준비도 철저히 했다. 배가 하도 크고 온갖 시설이 다 갖춰져 있어서 우리가 챙겨 간 상비약은 필요도 없었다. 지카 바이러스는 가임 여성에게 가장 위험하다고 해서 딸아이가 걸리지 않도록 특별히 더 신경 썼던 기억이 난다.

  아내는 성인이 된 아이들이 결혼해 각자의 가정을 꾸리기 전에 우리 네 식구가 같이 여행할 날을 소원했다. 그 때문인지 아내는 크루즈 여행을 계획한 내게 칭찬을 아끼지 않았다. 조용한 바다 위를 미끄러지듯 가르며 나아가는 엄청난 크기의 크루즈는 마치 육지 위에 지어진 거대한 호텔 같았다. 청소나 끼니를 걱정하지 않아도 되니 아내와 딸은 매일 배 구석구석을 다니며 구경했다. 나는 맛있는 음식들을 최대한 많이 먹기 위해 매일같이 크루즈선 앞쪽에 있는 헬스클럽을 찾아 열심히 운동했다. 자메이카에서는 시내 구경도 했다. 영화에서 많이 보던 익숙한 장소라 그런지 친밀하게 다가왔다. 헤밍웨이의 소설 《노인과 바다》를 떠올리며 내가 보는 장면, 장면을 머릿속에 가득 채웠다. 여행을 마치고 돌아와서도 아내는 두고두고 잘한 결정이었다며 좋아했다.

아내가 좋아하던 모습이 떠올라 잠시나마 혼자 슬며시 웃는다.

아내가 떠나고 내 첫 생일

　아내가 떠나고 맞이한 내 첫 생일이다. 미역국을 직접 끓여봤다. 나름 괜찮은 것 같으면서도 평소 먹던 미역국과는 달라서 맛을 설명하기 어렵다. 그러다가 '아내 생일에는 어떻게 해야 하나'라는 고민에 다다랐다. 어머니가 해주셨듯 한 상 가득 차려서 가족들과 먹어야 할까? 아니면 간소하게 준비해 기독교식으로 감사 기도를? 여러 가지로 정해야 할 게 많을 것 같다.

　아내는 기독교 집안에서 자라 유교식 제사상과 명절 차례상에 익숙하지 않았다. 그런데도 1년 동안 어머니께 그 절차를 배워 30년 남짓을 깍듯이 배운 대로 척척 상을 차렸다. 도와줄 사람도 없는데 혼자서 척척. 철없는 나는 제삿날이면 친구들을 불러 모아 제사를 지내고 배부르게 먹고 놀면서 보냈다. 어머니가 늘 묵묵히 제사를 준비했듯이 당연히 그게 아내 몫인 줄로만 알았다. 아내는 싫은 내색도 없이 그 힘든 일을 다 했다. 나이가 들면서 사는 게 다들 바빠지면서는 다행히 친구들 부르는 걸 생략했다.

30년이 흐른 뒤 아내가 조심스럽게 물었다. 이제 기제사가 있는 날에는 산소에만 가고 명절 차례만 집에서 모시면 안 되느냐고. 나는 그동안 너무 수고했다고 그러자고 했다. 아내 몸이 조금씩 아프기 시작할 무렵이 아니었나 짐작만 해본다. 지금 생각해 보면 미안해서 할 말이 없다. 더 일찍 알아채고 그런 의식은 유연하게 바꿨으면 좋았을걸. 부모님도 당연히 그렇게 하라고 하셨을 텐데 말이다.

아내에게 묻지 못한 말이 있다. 꿈이 무어냐고, 사는 동안 한 번쯤 물어봤어야 했다. 스페인 남부와 프랑스 남부를 여행하는 일보다 더 하고 싶은, 진짜 꿈이 있었을지도 모른다. 내 생각만 하고 사느라 무심했다.

아내를 기억하는 여러 갈래의 길 중에서 내 무심함이 느껴지는 분명한 한 갈래가 있다. 살면서 저지른 내 큰 잘못, 신께서 그 허물마저 덮어주시기를 바라며 아내는 노력하고 나를 배려했다. 그때마다 나는 되려 더 무심한 태도를 보였다.

그때는 알지 못했다. 하얀 머릿결을 뒤로 곱게 쓸어 넘긴 아내 옆에서 다정하게 팔짱을 끼고 손주들 돌보며 서로 아껴주는 노후를 보낼 줄 알았다. 그러다 아내 말마따나 내가 먼저 세상을 떠나겠거니 생각했다. 부모님보다 먼저 세상을 떠난 작은누이를 보면서 순서는 아무도 알 수 없는 일이라고 생각하면서도 적어도 우리 부부에게 닥칠 일은 아니리라 믿었다.

둘이 함께 삶을 잘 다듬어 왔다고 느낀 순간, 이제 그 순간들을 나누며 살자고 마음먹은 순간, 하나님은 우리에게 그 틈을 허락하지 않으셨다. 이제껏 아내를 고생만 시킨 내가 남아서 뭘 할 줄 안다고… 생각할수록 내 잘못만 가득하다. 그런데도 아내는 모두 웃어넘기며 다시 태어나도 내게 시집오겠다고 말했다. 꼼짝 말고 다시 만날 날만을 기다려야지. 내가 없어도 아이들은 걱정 없다. 제 엄마의 착하고 고운 성미를 닮아서 알아서들 잘 살 거라 믿는다.

 냉동실과 김치냉장고를 열면 아내가 포장해서 저장해 둔 숨은 식료품을 찾을 수 있다. 가끔은 보물찾기하는 기분이 든다. 그러다 보물을 발견하면 포장지에 적힌 아내 글씨를 보다 눈물을 쏟는다. 그리움과 슬픔을 동반한 눈물이다. 이 보물들도 결국 하나씩 하나씩 사라질 날이 올 것이다. 마음속에 끝까지 남을 아내 모습만 빼고.

이야기를 모으다

 아내의 병이 나을 수 없다는 사실을 알게 되었을 때 '어떻게 이 지경이 되도록 몰랐을까?' 하는 문제에 봉착했다. 물론 오롯이 내가 감당해야 할 질문이었다. 의사, 간호사를 포함한 병원 조직을 뒤로 하고 아내와 나 둘이 의논하고 앞으로 우리가 가야 할 길을 찾아야 했다. 하지만 통증은 별개였다. 내가 처방을 내릴 수 있는 사람도 아니니 속수무책이었다.

 그때는 아픔을 느끼기 시작하는 아내의 미묘한 표정 변화를 얼마나 빨리 알아차리느냐가 마치 아내를 향한 내 헌신과 사랑을 평가하는 척도처럼 느껴졌다. 아내의 단짝인 딸, 보기만 해도 든든한 아들을 마음대로 볼 수 없었던 병원 생활도 '코로나'라는 전염병 시대 탓이 아니라 내 잘못된 선택 때문이 아니었을까 생각한다.

 병원에서도, 요양병원 병실에서도 아내는 내게 계속 고맙다고 말했다. 하지만 나는 쭉 제정신이 아닌 상태여서 그 말을 흘려들었다. 지금 와서 떠올리면 나도 아내에게 어떤 말이라도 해줬으면 좋았을 텐데.

슬픈 영화를 보면 대부분 남자보다 여자가 먼저 세상을 떠난다. 나에게 새로운 시작은 그게 어떤 것이든 이제 별 의미 없게 느껴진다. 이렇게 예쁘고 안락한 집을 꾸미고서 떠난 아내. 혼자서 그 집에 머물며 살아가다 보면 그 자체가 때때로 이상하고 현실 같지가 않다. 언젠가는 시간이 흐르고 흘러 나를 아내에게 데려다주겠지? 그때 전할 이야기를 많이 모아야겠다.

먼저는 마음과 머리를 가득 채운 슬픔을 내보내야 한다. 그래서 틈만 나면 남은 가족들 그리고 아내와 내가 가까이 지냈던 사람들을 보려고 노력한다. 그들과 유쾌하고 즐거운 이야기를 나누고 행복한 시간을 많이 보내야지.

새벽에는 운동을 한다

 사람이 살면서 제 할 일을 다 마치고 하나님 앞으로 갈 수 있다면 그만큼 값진 인생이 또 있을까. 책에 나오는 위인이나 영웅들의 삶을 말하는 게 아니다. 이 세상에 태어난 지극히 평범한 사람도 잘 자라서 좋은 짝을 만나 가정을 일구고 그들을 건사한다면 그 자체로 값진 삶이다.

 화가 루이스 웨인Louis Wain은 고양이를 그리는 화가로 유명하다. 암에 걸린 아내 에밀리를 위로하기 위해 그들의 고양이 피터를 모델로 그림을 그리기 시작했다고 한다. 아내가 좋아하던 고양이를 귀엽고 재치 있게 표현한 웨인, 나는 아내를 위해 무엇을 할 수 있었을까?
 병상에서 나는 아내에게 "왜 2년 동안 나에게 한마디도 안 하고 아픈 걸 숨겼냐"고 물었다. 지난 사정을 묻는 게 의미 없다는 걸 알면서도.
 "조금 이상하긴 했는데 아이들 학위 논문도 얼마 남지 않았고 딸아이 혼사도 있으니 다 마무리되고 수술하면 금방 나을 줄 알았어요. 예전 당신처럼."

나에게조차 얘기하지 못하고 혼자 가슴에 담아둔 채 얼마나 무서웠을까. 나는 바로 옆에서 어쩜 그렇게 까맣게 모르고 지냈을까. 저 천사가 혼자 아픔을 감추고 나를 떠날 준비를 하는 동안 나는 뭘 하고 있었을까. 답답하다.

곰곰이 되짚어 보면 신호가 아예 없었던 건 아니다. 아주 사소한 말이나 행동에 가끔은 깊은 뜻이 숨어 있다.
"우리 이제 따로 자면 안 돼요? 친구들은 진작부터 각자 방을 쓴다는데…"
나는 그 말에 섭섭함을 느꼈다. 이불만 따로 덮기로 합의를 봤는데 그때가 아내 몸에 이상이 온 시기랑 겹친다. 내가 조금 더 빨리 눈치챘더라면 좋았을걸. 예나 지금이나 그 둔감함이 어디로 가겠나.

어쩌다 주말에 산에 오르지 않는 날이면 아내 뒤를 따라 교회에 갔다. 그러면 아내가 너무 행복해하는 거다. 그 모습이 가끔은 나를 뿌듯하게 혹은 부끄럽게 만들었다.

교회에서 나와 약수시장에서 달인이 운영하는 칼국수 가게에 들러 칼제비를 먹고 집에 오면 오후에 아내와 봤던 추억 젖은 영화를 다시 같이 보곤 했다. 소피아 로렌의 〈해바라기〉나 〈닥터 지바고〉 〈아라비아의 로렌스〉 〈아웃 오브 아프리카〉…

 둘이 같이 본 영화가 많지는 않은데 아내는 주로 마음이 따뜻해지는, 말하자면 〈초원의 집〉 같은 드라마 장르를 좋아했다. 둘이 같이 보기 시작해도 나는 주로 졸다가 깨서 다시 보는 쪽이었다. 아내는 영화 끝 무렵에 졸음을 참지 못해 먼저 방으로 들어갔다. 그래서인지 같은 영화를 반복해서 봐도 내용만 대충 알지 스토리가 연결이 안 될 때도 많았다. 우리는 줄거리 연결을 위해 서로가 아는 부분을 설명해야 했다. 그런 추억까지 생각나니 티브이 앞에 앉기가 망설여진다. 자연스럽게 일찍 자고 새벽에 일어나는 습관이 생겼다.

새벽을 밝히는 샛별을 보노라면 아내가 아침 인사를 하는 것 같다. 샛별은 손주들의 초롱초롱한 눈망울에서 느껴지는 온화한 빛과도 닮았다. 걷잡을 수 없는 그리움을 이기기에 손자 손녀만큼 좋은 약이 없다. 그런데 늘 내 곁에 둘 수 없으니 대신 운동을 한다. 육체가 겨우 견딜 수 있을 만큼 나를 몰아붙이면 지친 정신이 잠시나마 외로움과 슬픔을 잊는다. 덩달아 내 마음을 그토록 무겁게 하던 우울감도 사라진다. 편안한 마음으로 다시 옛 기억을 따라나서거나 옛 사진을 들여다보면 푸른 빛의 우울 대신 아내가 좋아하던 따뜻한 연둣빛이 온몸을 감싼다.

오늘도 운동하러 나가서 새벽녘 샛별을 바라보며 시간의 끝을 상상했다. 자꾸만 달아나는 이 시간은 어디쯤에서 끝이 날까. 종착역에 다다르면 아내가 날 기다리고 있을 거라는 생각을 한다. 서로를 깊이 신뢰하고 사랑한 만큼 사라질 때도 함께 사라졌더라면 좋았을 텐데.

지독하게 슬픈 아침

 클래식이 있는 아침과 커피 한 잔, 작은 빵 한 조각과 치즈, 사과, 삶은 달걀… 아내가 즐기던 소박한 아침은 사라졌다. 밥만 좋아하는 나는 주로 밥으로 끼니를 때운다. 밥 조금에 달걀, 치즈 그리고 사과와 커피.

 그래도 아내는 항상 내 뒤에 있다. 계속 이야기를 나누면서도 얼굴은 안 보여준다. 고개를 휙 돌리면 눈에 가득 들어올 것 같으면서도 언제나 재빨리 사라지고 만다. 아무렴 어떤가. 어떤 식으로든 같이 있으면 되는 거지.

 늦가을에 접어들면서 아침 햇살이 방 깊숙이 찾아들면 베란다부터 거실이 온통 연한 초록빛으로 빛난다. 아내가 가장 좋아하던 색깔, 아름답고 포근하다. 아내와 함께할 때는 그 빛깔의 아름다움을 좀처럼 느끼지 못했다. 아내에게서 그 분위기가 가득 풍겼기 때문인 듯싶다. 연둣빛은 이제 아내 자체가 되어 나를 감싼다.

 요양병원에서 아내는 자존심을 포함한 자신의 모든

것을 내게 맡기면서 무척이나 고마워했다. 눈물겹도록 고마운 사람은 정작 나인데. 끝없는 통증이 주는 고통 대신 덤덤하게 마지막을 택했던 아내. 내가 대신 아파줄 수 없으니 그 뜻을 받아들이는 게 맞다고 생각했다. 하지만 여전히 나는 아내를 놓지 못하고 있다. 든 자리, 난 자리 그런 차원의 문제가 아니고 마음 상태, 내 영혼의 문제다. 201일 동안 아내와의 이별을 준비하는 짧은 여정 속에서 여러 번 되뇌었다. 이제는 정말 이별이라고, 잘 보내줘야 한다고… 하지만 진짜 속마음은 아니었다. 절대로 떠나보낼 수 없다.

밝은 빛으로 다가와 내 삶을, 우리 가족을 환하게 비추더니 여린 초록빛만을 남긴 채 이내 우리 곁을 떠났다. 이중섭 화백의 부인은 기다리고 그리워하는 삶도 행복일 수 있다고 했지만 내 생각엔 아니다. 어딘가에 살아 있다면 모를까 그게 아니라면 남겨진 이는 한없는 고통 속에 머문다.

천국과 지옥

　인생의 감독은 '우연'이라는 말이 있다. 잘 짜인 각본이 아닌 신의 뜻에 가까운 우연. 사람이 나고 죽는 것, 사람과 사람이 만나는 일은 신의 뜻이 절대적이라지만 그래도 나머지 인생사는 각자 열심히 짜는 각본대로 이뤄지지 않을까? 운이 7이라면 기술이 3이라는 말도 있으니 말이다.

　단테의 《신곡》 지옥 편에는 "여기 들어오는 너희는 모든 희망을 버려라"라는 문장이 나온다. 이는 지옥문 앞에 새겨진 문구로 '희망이 없는 곳이 곧 지옥'임을 암시한다. 이 말은 삶에 아무리 희망이 없다 한들 하나님 곁으로 간다는 희망만 있으면 그곳은 지옥이 아니라는 의미이기도 하다. 천국과 지옥은 마음먹기에 달린 건지도 모른다.

　아내가 마지막을 견디는 모습을 바라보면서 나는 하나님께 늘 아내를 지켜달라고 기도했다. 둘이 있을 때는 슬픔을 티 내지 않으려 최대한 조심했다. 갑자기 무너지는 마음이 들면 쉽사리 다스리기 어려워 때로는 아내 손을 잡는 것조차 고심스러웠다. 우리 누구도 먼저 슬픈 기색을 드러내지 않으려 애썼던 시간이다.

아내는 자기 억제가 뛰어난 강한 사람이었다. 생명을 연장하는 그 어떤 처치도 원하지 않았다. 무조건 빨리 떠나고 싶은 마음이랑은 조금 달랐다. 움직이지 못하는 고통스러운 상태에서 벗어나려고 발버둥 치지 않았을 뿐이다. 내가 아내 입장이었어도 똑같은 선택을 했으리라. 아내가 먼저 가서 기다리겠다고 말하던 장면이 머릿속을 떠나지 않는다. 10년이란 긴 세월이 언제 다 지나갈까…

쏠쏠한 가을빛

 나도 모르는 사이 아내가 추구한 삶의 방식에 깊이 스며들었다. 결혼 전에는 부모와 형제자매의 영향을 짙게 받았는데 아내를 만나고 한 가정을 이룬 뒤로는 내 삶에서 아내만큼 영향을 준 이가 드물다. 아내는 그 반대라고, 자기야말로 내가 살아가는 방식에 그대로 녹아 들었다고 말하곤 했다.

 어찌 됐든 우리는 서로 닮아가면서 남편과 아내라는 틀을 떠나 가끔은 친구처럼 때로는 오누이처럼 아끼면서 재미나게 지냈다. 거창하게 은퇴랄 것도 없지만 일을 줄이면 어찌 보낼지 노후 계획도 참 많이 짰다. 어떻게 시간을 보낼지, 어떤 며느리를 맞이하게 될지 등등 대수롭지 않은 이야기를 많이도 나누었다.

 며느리 얘기는 결국 아들에게 맡기자는 결론을 내렸다. 요즘은 며느리를 맞이하기보다 남편을 보내야 한다고 말하니 처음에는 아내가 인정할 수 없다며 섭섭해했다.

"하지만 이미 세상이 바뀌었는걸. 이제 조용히 우리 둘 중심으로 살아야지."

그런 대화를 나눈 게 엊그제 같은데 이제 나는 혼자서 살고 있다. 마치 둘이 사는 것처럼 행동하면서. 이것도 조금씩 익숙해지고 있다.

나는 이제 누가 봐도 노인이겠지? 노인들도 기억이 반짝일 때가 있다. 과거를 이야기할 때다. 내가 이렇게 아내와의 옛 추억을 꺼낼 때처럼. 노인들은 과거를 대할 때 젊은이들이 미래를 대하듯 한다. 과거 시행착오로 얻은 통찰을 고스란히 간직하고 있다가 젊은이들이 미래를 꿈꿀 때 그것들이 보탬이 되었으면 하고 바란다. 나는 젊은이들에게 다른 것보다 국가에서 시행하는 건강 검진을 성실히 받으라고 당부하고 싶다.

푸를 청靑, 봄 춘春. '청춘'은 말 그대로 푸르른 봄을 뜻한다. 반면 중국 고전에서는 노년에 접어든 이들을 적추

杓秋라고 표현한다. 북두 자루 적杓 자는 별자리 북두칠성의 자루 부분을 의미하는 한자다. 별자리 중에서도 이 부분의 변화로 계절 변화를 살필 수 있다고. 그러니 '적추'라 함은 가을(노년)에 접어든 인생 시절에 더없이 어울리는 표현이 아닐 수 없다. 지혜는 적추에 찾아온다고 했던가. 붉은 가을빛처럼 물들어가는 노년의 풍성함을 아내와 함께 누린다면 더 이상 바랄 것도 없는 인생이다.

   적추의 문턱에서 아내는 신중히 판단한 결과를 내게 감췄다. 그 이유만 생각하면 여전히 멍해지고 사고력이 떨어진다. 걱정은 나누면 반으로 줄고 기쁨은 나누면 몇 배로 커진다고 했는데. 나는 아내와 살면서 늘 그 말의 힘을 믿었는데. 지금 생각해 보면 우리 집 걱정의 90퍼센트는 아내가 혼자 지고 가고 기쁨의 열매는 내가 더 많이 누렸던 것 같다. 남은 사람에게는 늘 후회와 고통만 남는다.

아내 없는 두 번째 추석

아내 없는 두 번째 추석이다. 작년에는 어떻게 지냈는지 솔직히 잘 기억나지 않는다. 산소에만 잠깐 다녀왔던가. 올해는 아들과 둘이 차례상을 차리고 어머니 사진 옆에 아내 사진을 같이 올렸다. 30년 넘도록 늘 밝게 웃으며 음식을 나르고 가만히 서서 예를 올리는 나와 아들을 지켜보던 아내였는데… 아내 얼굴을 차례상 위에서 마주하려니 이 상황을 어떻게 받아들여야 좋을지 모르겠다. 쓸쓸함, 슬픔… 이런 감정보다 그리운 마음이 더 크다.

어머니 사진을 들여다보니 예전 일이 생각난다. 어머니는 종종 "집에 들어와 마누라 이기겠다고 설치는 놈은 아무짝에도 쓸모가 없다"고 하셨다. 다행스럽게도 나는 처음부터 아내를 이기고 싶은 마음을 가져본 적이 없다. 결혼하고 1년 동안은 아내도 자주 부르셨다. 일본어를 가르쳐주신다는 핑계로 이런저런 말씀을 하신 모양이다. 퇴근 후 아내를 데리러 가면 부부에 대해서도 좋은 말씀을 많이 해주셨다. '인생'이라는 종잇장을 둘이 맞들면 정말 좋다고, 서로 아끼고 잘 보살펴야 한다고, 남자는 경제적인 책임을 반드시 져야 한다고… 가장으로 나름 노력한다고 했지만 나는 돈 버는 데 큰 재주가 없었다. 아내는 욕심부리지 말자며 항상 나를 다독였다.

 고통이 사람을 성숙하게 만든다고 하는데 젊은 날 단순히 내 능력 부족으로 경제적 어려움을 몸소 겪었으면서도 나는 크게 나아지지 않은 것 같다. 그런데도 아내는 나를 끝까지 존중하고 믿어줬다. 이 세상에 거저 얻는 건 하나도 없다지만 한 가정을 이루고 소중하게 지켜나가는 것만 잘해도 뜻밖의 행운이 따라온다. 내 경우가 그랬다. 할머니 두 분, 어머니 그리고 아내… 집안을 잘 보살피고 지탱해 준 이 여성들의 힘으로 나는 복되게 자랄 수 있었고 더불어 내 가정의 소중함도 배웠다. 그에 비하자면 나는 너무 모자란 자손이자 남편이고 아버지이다.

 후회가 많은 사람은 늘 가슴을 친다. 작은누이를 잃고

두 번째다. 인생에서 가장 소중한 건 잃은 뒤에야 깨닫는다. 비극이 아닐 수 없다. 사소한 아내의 흔적에 터지는 울음을 걷잡을 수 없다. 이런 못난 나를 아내는 늘 자랑스러워했다. 술 취했을 때만 빼고.

"가끔 왜 그렇게 술을 많이 마셔요?"

아내와 병실에서 지낼 때 지나간 얘기를 참 많이도 나누었다. 그중 내가 유일하게 답하지 못한 이야기는 술에 관한 것이었다. 아직도 잘 모르겠다. 그저 모자란 내 의지력이 문제였으려나. 그밖에 아이들 관련 추억, 여행 이야기는 언제 꺼내도 기분이 좋아졌다. 옛날 어머니께서 주역 공부를 깊이 하셨는데 아내가 내게 가장 잘 어울리는 배필이라 하셨다. 그 말씀처럼 나는 복에 취해 살았는데 정신 차리고 아내와 같이 할 시간을 계획하려니 그녀는 멀리 떠나갔다. 짙은 아쉬움에 요즘은 만나는 친구들에게 입이 닳도록 얘기한다. 틈을 내서라도 아내와 같이 어디든 많이 다니라고 말이다.

과학이나 의학 입장으로 보면 아내는 떠났다. 그러나 내 마음 깊은 곳은 이 사실을 인정할 수 없다고 말한다. 현실을 뒤집을 능력이 있는 건 아니니 하나님께 아내의 안위를 간절히 구할 수밖에. 아내가 살아가는 동안 내게 보여준 것처럼, 이제는 나도 종교의 힘으로 과학적 가치를 다독이게 되었다. 그렇게 하나님께 의지해 그리운 아내를 그린다. 그래서 이제는 세상 모든 곳에서도 아내의 가치를 발견한다. 소박하면서도 환한 가치.

"애들 잘 키웠으니 이제 자기들 앞가림 잘할 거고 우린 둘이 하루 두세 끼 밥 먹고 가끔 병원 갈 돈만 있으면 충분해요. 욕심부리지 마요."
"그래도 가끔 여행이라도 다니려면…"
"아니요. 손주들 데리고 동물원이나 박물관만 가도 볼 게 그렇게나 많은데 힘들게 무슨 여행을 해요. 젊을 때 우리 다 구경했잖아요. 미국에서 작은 유럽 마을까지 다 둘러봤으니 난 충분해요. 만족해요."

살아생전에도 아내의 소박한 가치관은 언제나 나를 두말하지 못하게 했다. 아내가 떠난 뒤로도 마찬가지다. 고민할 일이 있으면 그 시절 아내의 말을 생각하며 결정을 내린다.

예전에는 몰랐는데 요즘은 어딜 가도 조금 위축된 느낌이 든다. 살면서 이런 적이 없었는데… 최근 주변 모든 것들이 조금씩 두렵게 느껴지기 시작했다. 그리고 깨달았다. 아내의 존재감에 대해서. 언제부터 내가 이토록 나약해졌을까. 아니다. 이건 나약함과는 무관한, 상실의 고통으로 얻은 일시적인 두려움일 뿐이다. 아내라면 이렇게 상실감에 젖어 있기보다 나를 쫓아 달 끝까지라도 왔을 거다.

'가족과 함께라면 겁날 게 없다. 아내와 함께라면 더욱 그렇다'고 늘 생각했다. 아내가 내 마음속에 함께 있다고 말하면서도 요즘은 좀처럼 용기가 없고 두려움만 가득하다. 아무리 최면을 걸어도 내 몸은 아내의 빈자리에 몸살을 앓고 있다. 어쩌면 좋을까.

내겐 자신 없는 일

"왜 늘 화난 표정이야?"
"아니야. 내가 원래 그렇잖아."
"좀 부드러우면 좋잖아…"
"그래도 나랑 결혼했잖아."
"그냥 그렇다는 거예요, 나도."

아내는 바게트를 먹을 때 딱딱한 껍질은 나고 안쪽의 희고 말랑한 부분은 자기라고 했다. 바게트 겉껍질처럼 거칠고 투박한 나를 많이 좋아해 줬다. 잔잔한 잔소리는 늘 따라왔지만.

정서 및 심리를 연구한 여러 실험에 따르면 아내와 사이도 좋고 행복한 결혼생활을 영위하던 남자는 배우자를 잃으면 금방 재혼한다고 한다. 여성보다 남성이 상대적으로 더 빨리 재혼한다고. 결혼이 주는 달콤함을 알기 때문일까. 반대로 불행하고 서글픈 기억만 남긴 배우자와 헤어지거나 사별한 사람은 다시 결혼하지 않고 혼자 지내는 비율이 높단다.

그야 사람마다 다르겠지만 글쎄다. 어쩌면 남자의 이기심을 기준으로 생각한 결과가 아닐까? 재혼을 결심하는 동기가 정서적 결핍, 가사와 같은 실용적 문제라고 하니 정말 그럴지도 모르겠다. 아내와 쌓은, 영원히 잊을 수 없는 추억은 어쩌고 빨리 재혼을 결심한단 말인가. 나는 겨우 30년 조금 넘게 살았는데도 곳곳이 아내와의 흔적이다. 이 모든 걸 뒤로 한 채 새출발? 나는 자신 없다.

그리움이 너무 클 때

 소피아 로렌 주연의 영화 〈해바라기〉는 제2차 세계대전 중 독일과 소련의 전시 상황을 배경으로 한다. 조반나(소피아 로렌 분)의 남편 안토니오(마르첼로 마스트로얀니 분)는 이탈리아 군인인데 우크라이나 전선에서 싸우다 포로가 되었고 두 사람은 오랜 시간 소식도 모른 채 서로를 찾아 헤맨다. 졸면서 본 영화여도 여러 번 봤기 때문인지 내용이 생생히 기억난다. 남편을 찾아 소련 구석구석을 뒤지는 조반나가 끝도 없이 이어지는 해바라기 평원을 걷는 장면. 아내와 나는 이 장면을 보면서 전쟁이 나도 저렇게 서로 찾아 헤맬 일 없도록 절대 떨어지지 말자고 했었다.

 이제는 아내가 차라리 어딘가에서 살아만 있다면 좋겠다는 생각이 든다. 기약 없이 헤매는 게 맘이 덜 아플 것 같다. 아내가 날 위해, 가족을 위해 끝없이 기도하던 모습이 늘 떠오른다. 그런데 내가 아내를 위해 기도한 적이 있었던가. 별로 기억이 안 난다. 언제나 무슨 일이 닥쳤을 때만 열심히 기도했다. 그 정도 믿음으로 뭘 어쩌겠다고.

애들과 손자, 손녀가 있으니 외로움은 없다. 그리울 뿐이다. 아니면 그리움이 너무 커서 외로움이 그 그늘에 가려진 것일 수도 있다. 감히 모습을 드러내지 못하는 거다.

요양병원에서 아내 손발이 되어 지낼 때 의학에 굴복해 아내가 떠나는 여정이 그저 순탄하기만을 기도했다. 하나님께로 가는 마지막 길에 그것만이 내가 할 수 있는 전부였다. 그런데 한 번쯤은 있는 그대로 다 털어놓고 아내와 이야기를 나눌 걸 그랬다는 후회가 밀려온다. 살면서 아내에게 감춘 것도, 속인 것도 없었지만 그 사실조차 말하지 못했다. 뭐든 이야기하고 마지막에 걸맞은 매듭을 지었더라면 좋았을 텐데.

아내는 모두 알면서도 쉽사리 입을 떼지 못하는 나를

이해해 줬다. 성한 나를 꼼짝 못 하고 누워 있는 아내가 알아주는 모습이라니. 아내 마음을 열 번이고 스무 번이고 읽어주며 살았어야 했는데. 마지막까지 무뚝뚝했던 남편이라 미안하고 애처롭다.

명동과 크리스마스이브

　아이들이 다 자라 독립하고 둘만 집에 남았을 때 가끔은 아무 생각 없이 아내와 팔짱을 끼고 인파에 휩쓸려 명동 거리를 이리저리 밀려다니며 즐거워했다. 명동은 특히 크리스마스 조명으로 장식한 겨울철에 더 반짝였다. 원래는 사람 많은 장소는 질색이라 명동 같은 곳에 내 의지로 갈 리가 없는데 나이가 들고 단둘이 외출할 때면 아내가 하자는 대로 무조건 끌려다녔다. 돌이켜 보면 그때라도 말을 잘 들어서 잘했다는 생각이 든다.

　명동 거리는 우리 부부에게 아주 애틋한 곳이다. 지금 명동성당 뒷자리에 성모병원이 있던 시절이다. 백혈병이었던 작은누이는 그 병원에 입원해 있었다. 그 시절 아내가 병간호한다고 수도 없이 걸었던 길이 명동이다. 퇴근길에 내가 병원에 들르면 아내와 집으로 돌아올 때도 명동길을 거닐었다. 신혼 시절 누이를 잃은 슬픔도, 아이들 자라는 동안 느낀 기쁨도 모두 이 길 위에 있다. 그래서인지 아내는 명동길 걷는 것을 좋아했다.

혼자인 지금은 아무 생각도 없다. 사진 속 아내에게 낮에 산에 갔다 왔으니 오늘 밤은 집에서 쉬자고 넌지시 이야기했다. 동서양이 같이 챙기는 연휴에는 조용히 혼자 있고 싶다. 심심하면 티브이나 봐야겠다.

"기분 나쁘게 듣지 마요."
내가 눈치 없이 굴 때마다 아내는 이렇게 말하며 옆구리를 쿡쿡 찌르듯 내게 넛지nudge를 넣었다. 나를 배려해 조심스레 이야기를 꺼냈기에 아내 의견은 항상 내게 좋은 방향을 열어줬다. 어머니 다음으로 나를 오랜 시간 이끌어줬다.

병실에서 그 어떤 말도 꺼내지 못하던 내게 아내는 떠날 시간이 다가오고 있다는 사실을 빙 둘러 말했다.

"그래도 나니까 그나마 다행이잖아요? 옛날에 작은고모 돌아가시고 어머님이 힘겨워하시던 것보다는 나을 거예요."

떠난 사람을 남은 사람들이 자꾸 기억해 줘야 두 번 죽지 않는다고 한다. 다른 게 성공이 아니다. 잊지 못할 추억을 간직한다는 것, 그런 추억이 많은 삶이 성공이다. 그러니 살아온 인생에 후회가 남을지라도 아름다운 추억을 만드는 일에 모쪼록 성실했으면 한다.

"당신은 나에게 많은 세상을 보여줬어요. 늘 데리고 다녀줘서 정말 고마웠어요."

아내는 그 말을 남기고 가장 먼 길을 혼자서 가버렸다.

아내를 떠올리면 후회되는 순간도 있지만, 이 세상 어디에도 아내와의 연결이 끊어지는 지점은 없다. 모든 장소와 시간에서 우리는 연결되어 있다. 그래서 때로는 미소 짓고 때로는 눈물을 훔치며 추억을 갈무리한다. 감정 표현을 강조한 정신과 의사 칼 메닝거 박사는 "눈물이 모든 위안 중 최고"라고 말했다. 그 말이 정말 맞는 것 같다. 눈물을 흘리면 마음이 진정된다.

나 홀로 두 번째 봄

아내가 떠난 후 두 번째 봄이 온다. 첫 봄은 그렇게 처연하더니 두 번째 봄은 아내를 닮은 기분 좋은 바람결을 타고 좋은 소식이 날아왔다. 임신 중인 딸에게서 둘째 아기가 딸이라는 얘기를 전해 들었다. 나도 모르게 입가에 큰 웃음이 번진다.

"Dum vita est Spes est." 고대 라틴어 격언인 이 문장을 번역하면 "삶이 있는 한, 희망은 있다"로 풀이된다. 절대로 맞는 말이다. 아내도 종종 말했었지. "죽으란 법은 없어요."

아내가 곁에 있을 때는 서러움도 감미로울 수 있었다. 그런데 이제부터는 서럽지 않게 조심해야겠다고 생각한다.

조용하고 편안히 지내는 삶이 어울리는 아내가 날 만나 너무 힘들게 살았다. 그런 아내가 떠나고 없는데도 꽃은 지고 또 핀다. 이 흐름을 따라가다 보면 언젠가 아내가 있는 곳으로 흘러가겠지. 우리가 떨어져 지내는 시간이 그리 길지 않았으면 좋겠다.

아내에게 배운 대로 나는 욕심 없이, 그렇다고 구차하거나 초라하지 않게 살아가고 있다. 우리가 삶에서 추구하던 검소한 품위를 지키면서. 이런 삶의 방식을 30여 년 동안 내게 잘 일러준 아내. 시간이 흐르면 그리움은 사라진다고 하는데 거짓말 같다. 오늘도 나는 아내의 포근함을 찾아 짧은 나들이를 나선다. 집 청소를 하고 나가는 것도 잊지 않는다.

광장시장 반찬 가게와 약수시장 칼국수집과 순대국밥집, 중부시장, 부산 국제시장과 깡통시장, 남대문과 동대문시장. 광복동, 남포동, 인사동, 명동. 덕수궁 돌담길, 광화문, 삼청공원, 남산, 매봉산. 드라이브 코스 A, B C, D… 평범하게 흐르는 일상에서도 아내와 걸었던 장소들을 걷다 보면 마음에 위안이 된다. 때때로 집시풍 자유로움을 걸친 아내가 내 옆에서 함께 걷는 것 같다. 아내가 좋아하던 소박한 식당에서 외식하는 날이면 즐거운 추억을 떠올리고 돌아온다.

산책길에 놓인 벤치는 아내가 기도하던 장소다. 아내는 서쪽을 보면서 큰애 건강과 학업 성취를, 동쪽을 보면서는 미국에 있는 딸네 가족을 위해 기도했다. 어디든 나와 나란히 앉아 쉴 수 있는 곳에 닿으면 잠시 기도부터 하는 게 습관이었다.

건강하고 행복한 가정이 얼마나 중요한지는 나이가 들수록 더 깊이 느낀다. 살아가면서 슬픔이나 좌절이 덮쳐도 한 가족을 이룬 사람들의 따뜻한 온기가 있으면 견딜 수 있다. 어린 시절부터 노년에 이르기까지 그 따뜻함을 한껏 누리면서 살았음에 감사하다. 많이 누린 만큼 베풀고 살아야 한다는데 이참에 내게 어울리는 봉사활동을 찾아봐도 좋겠다.

별이 빛나는 밤

아내는 저녁 잠자리에 들 때 가끔 내가 이해 할 수 없는 말을 했다.

"내일 아침이 안 오면 좋겠다."

"그럼 여러 가지로 불편할 텐데, 왜?"

"그냥…"

이유를 더 물을 생각도 안 하고 엉뚱한 대꾸만 하는 남편이라는 작자, 얼마나 한심했을까? 아직도 나는 아내가 왜 그렇게 말했는지 이유를 알 수 없다. 아프기 훨씬 전부터 종종 그런 말을 했던 것 같아서. 딱히 내가 뭘 잘못한 것 같지도 않고 애들도 잘 지내고 있었는데 왜 그랬던 걸까? 내가 모르는 힘든 일이라도 있었나? 아니다, 그럴 리 없다. 마음속으로 여러 번 물어도 이 수수께끼는 풀리지 않는다.

돌이켜 보면 나이 오십이 넘어가면서 아내 체력은 점점 떨어졌던 것 같다. 잠깐씩이라도 낮잠을 청하는 경우가 잦아졌고 내가 집에 있을 때는 나 보고도 잠시 누워

쉬라고 했다. 나에게는 거실 소파를 양보하고 자기는 소파보다 작은 2인용 의자에 다리를 웅크리고 누웠다.

어느 날은 낮잠에 든 아내 모습이 흥미로워 자세히 들여다본 적이 있다. 보통 때는 얼굴을 자세히 보지 못하게 해서 자는 틈을 타서 조용히 지켜봤는데 너무 천진난만해서 신기했던 기억이 난다. 아내에게 빈센트 반 고흐가 밀레의 〈낮잠〉을 모사해 그린 같은 제목의 그림 〈낮잠〉을 찾아 보여줬다. "부부는 이렇게 꼭 붙어서 자야 한다"고 했더니 아내는 나중에 밀짚을 쌓아 올린 시골 밀밭에 가면 그러자며 웃어넘겼다. 그러고는 금세 잊었다. 이제는 손주들이 자는 모습을 바라보며 그때의 아내를 다시 떠올린다.

아내는 고흐의 그림 〈별이 빛나는 밤The Starry Night〉을 좋아했다. 언젠가 돈 맥클린의 〈빈센트Vincent〉를 들려주며 이 곡이 〈별이 빛나는 밤〉에서 영감을 얻어 만들어졌다고 설명했다. 그 이후로 아내는 둘이 있을 때 가끔 이 노래를 틀어달라고 했다.

그러고 보니 〈설악가〉도 가끔 내게 신청했다. 함께 설악산에 올랐을 때 체력이 바닥난 아내를 위해 이 노래를 불렀더니 아내는 속으로 '만사가 귀찮고 피곤한데 힘도 좋네'라고 생각했다고. 집에 돌아와 한 번 더 듣더니 산 노래는 음색이 조금 슬프다며 다시 듣자고 하진 않았다. 이제는 산을 걷다가 아내 생각이 나면 내가 부르는 곡이 되었다. 주변을 살핀 뒤 아무도 없는 게 확인되면 조용히 이 노래를 부른다. 다음엔 혼자라도 산을 타다 별밤을 만나면 〈빈센트〉를 들어볼까? 그런데 평소 내가 산에 가는 걸 달가워하지 않던 아내가 맘에 걸린다. 이제 야간산행할 나이가 아니라고 했던 말도.

밥의 무게

요양병원에서 지낼 때 아내는 통 먹지를 못했다. 국물 몇 숟가락, 포도 주스 몇 모금이 거의 다였다. 그 와중에도 밥 많이 먹는 내가 잘 먹지 못할까 봐 걱정했다. 나는 이런 상황에서 '왜 밥을 먹어야 하는가?'와 '참 잘도 먹는다'는 모순된 생각이 겹쳐 되려 정신이 멀뚱해졌다. 옛날 작은누이와 어머니가 돌아가셨을 때도 그랬다. 지독히 슬픈 순간에는 안 먹고 지낼 수 있으면 좋겠다.

무엇보다 견딜 수 없는 건 아내가 아무것도 넘기지 못할 때 난 대안을 찾을 생각도 없이 멍하니 손 놓고 지켜만 봤다는 사실이다. 최선을 다해 무엇인가 찾고 또 찾았더라면 어땠을까. 아내가 하나님 곁으로 간다는 혼자만의 위안에 젖어 아내를 마음속으로 포기했던 건 아니었을까. 그 상태로 나만 밥을 먹었다고 생각하면 다시 아내를 만났을 때 미안해서 고개를 들지 못할 것 같다.

'인생'의 무게를 부부가 맞들면 십분의 일, 때로는 백분의 일로도 가벼워진다. 애들 다 자라 분가하면 우리 둘이 소꿉장난하듯 살면서 여행도 많이 다니고 싶었는데. 아내는 멀리서 내가 보이면 활짝 웃으며 달려오곤 했다. 보통은 퇴근길에 아내 예배 끝나는 시간에 맞춰 교회 앞에서 몸을 숨기고 있었는데 그때 나를 발견하면 꼭 그랬다. 같이 가볍게 외식을 하거나 시장에서 내가 좋아하는 먹거리를 두 손 가득 사 와서 같이 요리해 먹었다. 간혹 어쭙잖은 실력으로 내가 요리를 해주면 아내는 늘 "식당 하나 차리자"며 나를 치켜세웠다.

"식당 하나 차리자!"

이건 사실 내가 아내의 김치찌개를 처음 맛봤을 때 한 말이다. 신혼 초 아내는 매일 요리책을 뒤적였다. 그날그날 마음에 드는 요리를 정해 만들어줬는데 좀 싱겁긴 해도 정말 맛있었다. 얼마나 잘 먹었는지 결혼하고 석 달 만에 몸무게가 5킬로그램이나 불었다. 정장 단추를 채우기 힘들 정도로 살이 올랐다. 아내는 살면서 이렇게 많이 먹는 사람은 처음 봤다고 했다. "잘 먹어야 한다"는 말을 입에 달고 산 나였는데 이제는 그렇게 많이 먹을 일이 별로 없다.

"난 여기까지예요."
 아내가 이 말을 했을 때 조금 더 따뜻한 인사를 건넬 걸 그랬다. 침대에 조심스레 올라가 영화 〈러브 스토리〉 주인공처럼 이제껏 고생한 아내를 꼭 안아줬다면 좋았을 걸. 두 손으로 아내 얼굴을 감싸고 아무 말도 하지 못했다. 가만히 지켜보기만 했다.

 사랑이 지나간 자리에는 무언가가 남는다고 한다. 아내는 많은 걸 남겼다. 헌신, 보살핌, 배려… 그중 가장 큰 건 가족들을 향한 끝없는 사랑이었다. 이 무형의 유산이 여전히 우리 가족을 굳건히 지탱하고 있다. 언젠가 아내가 내게 문학 소년 기질이 있다고, 노력해 보라고 한 적이 있다. 그런 게 있는지 없는지는 모르겠지만 뒤늦게나마 이렇게 아내 이야기를 글로 쓰고 있으니 아내 요청 하나는 들은 것으로 쳐야겠다.

함께라면 어디든 좋다던 아내

 아내와 나 그리고 우리 애들은 모두 부산 초량에서 태어났다. 그래서인지 아내와 함께 초량 처가에 갈 때면 골목골목이 정겨워 걸으면서도 옛 생각을 많이 떠올렸다. 그런데 이제는 그 길이 도무지 어색하고 쓸쓸하기 그지없는 황무지 같다. 몇 년 전 아내와 다니러 왔을 때만 해도 이렇지 않았는데 아내를 잃은 상실감 때문인지 온 데가 다 마르고 거친 땅으로만 보인다. 서울에서는 어딜 걸어도 아내와의 추억이 튀어나와 항상 같이 있는 느낌인데 부산에서는 왜 그런 분위기를 느끼기 어려울까. 아내와 만난 뒤로 줄곧 서울에서 생활했기 때문인가.

 아내는 하늘나라에서 잘 지내는지 모르겠다. 높은 곳에서 한국과 미국을 내려다보며 우리 지내는 모습을 보고 있겠지? 내 삶이 들뜨지 않게 무게중심을 잡아주던 아내, 그리고 내게 소박한 풍요로움의 가치를 가르쳐준 아내가 참 고맙고 그립다. 미국에서 우리 가족이 2년간 머무를 때 학교에 다닌 건 나지만 기억은 꼭 둘이 같이 다닌 느낌이다. 그만큼 항상 내 곁을 지켜줬다. 나중에 비자에 문제가 생겨 미국 생활이 어려워졌을 때도 아내는 우리 이제껏 돈으로 환산할 수 없는 값진 경험 했으니 미련 갖지 말자며 나를 다독였다. 귀국 후 경제적으로 쪼들리는 생활이 몇 년 이어지는데도 불평 한마디 하지 않았다. 나와 함께라면 어디든 다 좋다고만 했다.

삭막한 요양병원 병실조차 좋다고 했었다. 참 한결같은 사람이다. 말이 줄어든 아내는 자주 눈을 감고 고개를 숙이고 있었다. 하얀 시트가 깔린 침대에 내 손을 잡은 채 고요하게 누운 아내, 머리맡에는 예쁜 꽃들이 꽂힌 작은 화병이 놓여 있다. 그 옆으로 손자 사진이 보인다. 딸아이가 가져다 놓았다. 달리 마음 표현할 방법이 없었을 거다.

아내는 종종 머리카락을 뜯었다. 항암제와 방사선 치료 후유증으로 요양병원에 온 뒤로 머리카락이 많이 빠졌는데 그게 신경 쓰였던 모양이다. 베갯잇에 머리카락이 묻어 있으면 손으로 집어서 내게 치워달라고 할 정도였다. 괜찮다고, 예쁘다고 쓸어줘도 계속 신경을 썼다. 작은누이가 투병 생활을 할 때 예쁜 스카프를 머리에 두르고 있던 게 이제야 생각난다. 아내 마음속에는 '이제 곧 떠날 텐데…'라는 생각이 자리 잡고 있었을지도 모른다.

나도 아내가 같이 있으면 어떤 장소라도 감미로웠다. 이제는 감미로움이 홀로 남아 처연해졌지만. 이런 어두운 마음을 한순간에 사라지게 만드는 건 역시 손자, 손녀의 표정과 행동이다. 결혼생활 중 내가 뭔가를 잘못하고도 큰소리칠 때 아내는 한심하다는 듯 나를 흘겨봤다. 이제는 손자 녀석이 내가 마음에 안 들 때 그런 눈망울로 쳐다본다. 손녀가 환하게 웃는 표정은 얼어붙을 정도로 아내를 쏙 빼닮았다. 사랑스럽고 예쁜 모습들이다.

손자, 손녀를 낳은 딸을 지켜보면서 나는 참 무심한 아버지인 동시에 무심한 남편이었다는 생각을 한다. 사실 무심한 아들에, 무뚝뚝한 할아버지이기도 하다. 난산으로 고통스럽게 나를 안은 어머니께 몇 번이나 제대로 효를 표현했을까. 이렇게 멋진 아들과 딸을 낳은 아내에게 지극 정성을 보였던가. 더는 후회를 남기지 않도록 할아버지 역할이라도 제대로 해야 할 텐데.

가끔 아내의 모든 것들이 지독하게 떠오른다. 웃음, 목소리, 귀의 점, 표정, 손짓, 행동, 히피 스타일 옷… 그립다, 아주 많이.

홀로서기

아내가 새벽 예배에 갈 때 그 모습이 항상 따뜻해 보였다. 추위를 많이 타서 옷을 두껍게 입어 그런가. 반면 내가 입은 옷을 보면 언제나 춥게 입게 다닌다고 잔소리했다. 지금에야 그때 시키던 대로 따뜻하게 입고 다니려 노력한다. 생각할수록 멍청한 놈.

좋은 아내 혹은 좋은 남편을 만나 가정을 이루고 자녀, 손주까지 건강하고 행복하게 자라는 모습을 보는 건 축복받은 인생이다. 사랑의 힘으로 가정을 아무리 잘 가꾸어도 운명은 우리 손으로 어찌할 도리가 없으니까. 그저 신의 뜻에 맡길 수밖에.

아내와 요양병원에서 마지막을 기다릴 때 우리는 계속해서 과거 기억을 나누었다. 그러다 힘이 들었는지 아내는 눈을 감고 있는 시간이 길어졌다. 헤어질 시간이 점점 다가오고 있었다. 나는 무력감과 상실감에 지배당해 멍하니 있는 시간이 많았다. 아내를 잠시 안고 이동할 때도 평소 같으면 내가 어디 부딪히거나 다칠까 봐 조심하라 당부할 텐데 그 말도 거의 줄었다. 머리카락을 쓸어주거나 입에 물을 조금 머금게 하는 것, 손이나 다리를 주무르는 게 내가 할 수 있는 전부였다.

아내는 나를 위로하려는 듯 특유의 차분함과 자제력을 발휘했다. 고통을 마주하면서도 잘 버티며 하나님께로 다가서고 있었다. 그때 나는 아내에게서 인간의 존엄과 품격을 느꼈다. 멍한 상태에서도 나는 아내가 하늘나라로 간 뒤의 처리 등을 생각하고 있었다. 내 홀로서기를 방해하는 가장 힘든 기억들이 대부분 이 시기다.

"내가 놓치고 가는 게 있어도 당신은 잘 해낼 거예요."
감히 '잘 해내야겠다'는 생각은 하지 않는다. 청소든 빨래든 식사 준비든, 내게 남겨진 추억과 아내의 움직임을 그저 따라갈 뿐이다. 아내와의 추억을 고스란히 기억한다는 게 때로는 기쁘고 슬프다. 양면의 거울 같다. 그나마 다행인 것은 기쁘고 행복한 추억이 슬픈 추억을 압도한다. 기쁨의 거울에는 가족들이 모두 함께 있고 슬픔의 거울에는 나 홀로 못난 모습으로 일그러져 있다.

함께 해로하자던 연둣빛 깃털의 작은 새는 날아가고 보잘것없는 파란 깃털의 새만 남았다. 아니, 연둣빛 새는 이제 내 눈을 떠나 마음속에 자리 잡았다. 눈앞에 아른거리는 손자, 손녀는 이런 내 현실에 즐거움을 주는 존재다. 그 뒤에 조용히 미소 짓고 있는 아내를 느끼면 나는 마음의 허전함에서 벗어나 남은 가족들에게 온전히 집중한다.

내가 힘들어하던 시절, 아내가 자주 해주던 말. '이 또한 지나가리니.' 솔로몬왕이 풍요로운 시절에 더 조심해야 한다며 한 말이면서 동시에 페르시아 왕이 곤궁할 때 했던 말이다. 어느 상황에서도 적용되는 말이다. 그리스 속담 '시간은 모든 것을 치유한다', 우리나라 속담 '세월이 약이다' 등등 비슷한 의미를 담은 말이 많지만 사실 잘 모르겠다. 시간이 얼마나 흘러야 슬픔이 나아질까. '슬픔'이란 녀석이 내 의지대로 움직일 리도 없지 않나.

아내가 떠나고 다시 생각하게 되는 단어들이 더러 있다. 이별, 후회, 헌신, 부족, 재회, 그리움, 기쁨, 감사 그리고 기도. 내 손자, 손녀들이 자랄 때 아내를 떠올리며 자주 들려주고 싶은 낱말들이다.

그리움을 안고 살아간다는 것

초판 1쇄 발행 2025년 7월 10일

지은이 노문성

디자인 정윤경
펴낸곳 차츰
펴낸이 박햇님

등록 2021년 6월 24일 제2024-8호
주소 전북특별자치도 군산시 청소년회관로 55, 102-505
전화 063.465.1037 **팩스** 063.466.1037
전자우편 chachum_books@naver.com
인스타그램 @chachum_books

ISBN 979-11-981181-4-1 (03810)

* 잘못된 책은 구입하신 곳에서 바꾸어 드립니다.
* 책값은 뒤표지에 있습니다.